癒しと目覚め

Healing and awakening

Q&A

中野真作

SIBAA BOOKS《シバブックス》

はじめに

あなたは信じられないほど美しく、神秘に満ちた世界に生きていることを意識していますか。

あなたの部屋の中にあるすべてのもの、ゴミの一つひとつすら、そこに存在していることはとてつもなく不思議なことなのだと気づいていますか。

あなたが誰かと言葉をかわすと意思が通じ合うのは、驚くべきことだと感じていますか。

そして、あなた自身が神であることに気づいていますか。


この世界にはあなたが忘れているもう一つの次元があります。それを忘れていることが人生の悩みや苦しみの根本的な原因です。

人間の意識が新たな段階へと進化する時代を迎え、今多くの人がもう一つの次元に気づき始めています。


この目覚めのプロセス、真の癒しのプロセスは、オカルト的なことや超常現象のようなものではなく、自分に正直になり、本当の自分の姿を思い出していく、あまりにもシンプルな道です。特別になるのではなく、普通に戻っていくのです。

自我は何者かになろうとして、探求の道を複雑で特別なものに仕立て上げようとします。それが苦しみの続く原因であるとも気づかずに。

でも、真実の光は誰にでも平等に届いています。誰もがもともと光そのもの、スピリットそのものなのです。探求が深まってくるにつれ、自然にそのことを思い出していきます。

私は20年以上にわたり、真のスピリチュアリティ（非二元・悟り）をベースにしたカウンセリングやセラピーを通して、皆さんの癒しと目覚めのプロセスをサポートしてきました。３年前に、処女作となる『「私」という夢から覚めて、わたしを生きる〜非二元・悟りと癒しをめぐるストーリー』が出版されて以降は、さらに多くの探求のプロセスを歩む方々と出会う機会が与えられました。

この本では、皆さんからよく尋ねられるご質問を中心に、スピリチュアルな探求の道を歩むときに多くの方が疑問に感じるポイントをQ＆A形式で解説していきます。

第1部は基本編です。スピリチュアルな探求とはそもそも何なのか。本当に癒され、目覚めるとはどういうことなのか。どうしたら楽になるのか。そんな、探求の道に入っていくと最初に感じることが多い基本的な事柄についてお伝えします。

第2部はプロセス編です。探求が深まっていくと、日常生活とはかなり異質な体験をすることがあります。どんな体験が起こる可能性があるのか、それにどう対処したらいいのかをお伝えします。

最後に、この本を書くに至った私自身のストーリーを簡単にご紹介しながら、本文では扱えなかったいくつかの項目についてお伝えします。

私のお話会やセミナーでは「話の内容を聞くだけでなく、話の合間の沈黙の時間を味わって下さい」と最初にお話しします。そのとき、私と皆さんの内側にある沈黙のスペースが共鳴し合って、深い変容が起こります。

この本を読んでいただくときも、一つのQ＆Aを読み終わったあとに少し時間を取って、心の一番奥の空っぽな空間を意識して下さい。空間と言われてもよくわからないときは、そのときの感覚をありのまま味わって下さい。

変化はいつでも、古いものが終わり新しいものが生まれていくプロセスです。その途中には、個人の心身にも社会にも一時的な不調が表れますが、それは新たな次元のエネルギーをうまく扱えるように調整が進んでいることの証しであり、どんなことが起こっても心配はいりません。

やがてあなたは、すべてがもともと調和していたことに気づきます。どんな痛みや苦しみすらも光そのものであったことを思い出します。求めていた本当の幸せ、真実の愛は最初から今ここにあったことがわかるのです。

もし今、生きることに苦しみを感じているとしても心配いりません。その苦しみこそがあなたを真実の気づきへと導いてくれます。

あなたは、今のあなたからは想像もつかないくらい変わることができます。今どんな状態にいても、絶対に大丈夫なのです。

癒しと目覚め　Q&A◆目次

第2部　プロセス編

第1部　基本編

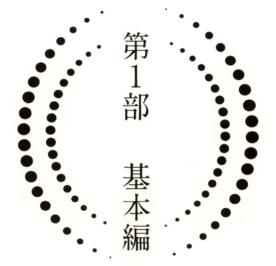

1　分離の夢

私たちは分離の夢の中に生きています。ほとんどの人はそのことに気づいていません。分離の夢とは、私と私以外、私とあなたが別々に存在しているという思い込みです。

もともと世界のすべては一つにつながっています。私と机、私とパソコン、私とあなたは同じたった一つの存在で、その間にある境界線は見かけ上のものにすぎないのです。

その境界線が本当に存在していると思い込むと、私と私以外の間に対立が生まれます。この世界が争いだらけの世界に見えて、生きることが苦しくなってしまうのです。

スピリチュアルな教えや宗教では、本来言葉では直接表現できない、このたった一つの存在のことを様々な言葉を使って表現しようとしてきました。

魂（スピリット）、大いなる存在、意識、気づき、エネルギー、光、愛、神、仏性、沈黙、それ。言葉が違うので別のことを語っているように思いがちですが、多くの教えは同じ真実を伝えようとしているのです。

境界線はもともと存在していないこと、本当は分離していないことを、二つに別れていないという意味の「非二元（ひにげん）」という言葉で表現します。

非二元の真実を思い出すことを、目覚める、覚醒する、悟る、悟りをひらく、などと呼ぶこともあります。


本当のあなたは自分で想像している以上に広大な存在です。そのことを忘れて、自分のことをちっぽけな一人の人間、他の人と区別された自我としての自分だと思い込んでしまうことが人生の苦しみの根本的な原因です。

人生で一番大切なことは、この分離の夢から覚めて、本当の自分、大いなる存在としての自分、宇宙そのものとしての自分を思い出すことです。

私たちは目覚めるために、悟りをひらくために生きているのです。

このことに気づくと、人生で起こるすべてのことに意味があることがわかります。すべてのことが私たちを目覚めへと導くために起こっていることがわかり、何が起こっても大丈夫なのだ、という感覚が生まれます。


もちろん、分離の夢から覚めたとしても、一人の人間としての人生は続きます。この世界で生きていく上では、私とあなたが別の人だという視点を捨てることはできません。

ただ、分離の夢の中だけで生きることはなくなります。

分離の視点もそれまでと同じように持ちながら、全体の視点、非二元の視点から生きることができるようになったとき、人生という夢を夢だとわかりながら楽しめるようになるのです。

そのとき、あなたの内側深くにいつも変わらない安心感があることがわかります。愛という言葉の本当の意味がわかります。

外側の状況に左右されない幸せを感じられるのです。

Q　もともとすべてが一つにつながっていて、誰もがそのことを知っているのなら、なぜわざわざ一度分離の世界に入って行くのですか。

この問いには様々な答えがありますが、私が一番役に立つなと感じているのは、『それが人生だ』という答えです。人生とはそういうものだと受け入れて、その分離の夢から抜け出すために生きているのだ、ということ意識しながら生きていくと、人生をより楽しく、充実して生きていくことができます。

もう一つのよく聞く答えは、分離のない幸せだけの世界は退屈なので、大いなるものが分離の世界を楽しむためにゲームを始めたのだ、というものです。

実際に目覚めのプロセスが深まっていくと、人生全体を退屈に感じたり、むなしく感じたりする時期があります。そういう体験をした人がこの答えを思いついたのかもしれません。

でも、このむなしさを感じる時期は目覚めのプロセスの中ではとても大切な時期です。このことについてはあとでお話ししたいと思います。


ともかく、どの答えも一つの説明、一つのストーリーにしかすぎません。どれかの答えを聞いてあなたが安心するのであれば、それを人生を生きていく上での道しるべに利用して下さい。

真実の理解が深まってくると、何かを信じる必要がなくなります。何もわからなくても、わからないという状態に安心していられるようになるからです。

Q　非二元や悟りの本を読んでいると「私はいない」という言葉がよく出てきます。「私はいない」とはどういうことなのでしょうか。

「私はいない」とは、分離した個人としての私には実体がないということです。「いや、ここにこの身体は確かにあるよ」「私の考えもある」と思うかもしれません。でも、普段私だと思っている様々なものをよく観察してみると、そこには何ら私個人だけに属するものはないことがわかります。

自分の思考や感情だと思っているものは、誰かの言葉を聞いたり、何かを見たりしたときに自分の中で自然な反応として起こってくるものです。

自分の行動だと思っているものも同じです。今あなたがこの本を読んでいるのも、これまでの様々な人生の出来事を通してあなたの中に形作られてきた条件付けの積み重ねが自然とあなたをこの本へと導いてきたからです。

自分の身体だと思っているものすら、あなたの両親がそれぞれの条件付けによって互いに惹きつけられた結果、誕生したものです。その後、あなたの成長に必要な食べ物の好みすら、周囲の世界との関わりの中で自然に身につけてきたものです。

あなたが自分のものだと思っているものの中にあなた独自のものは何もなく、すべては互いに依存しあっています。つまり､「私はいない」とは､「すべてが私である」「すべてが一つにつながっている」という真実を別の視点から表現している言葉なのです。

Q　生きることが苦しくてしょうがないです。悟れば楽になるのでしょうか。

セラピーの仕事をしていると同じ質問をよく受けます。答えは「はい」でもあり「いいえ」でもあります。

分離の夢から抜け出し、自分という実体は存在していないのだとわかれば、そもそも苦しむ「私」はいないのだから、苦しみはなくなります。

もう少し正確に言えば、苦しみと言われるものとの関係が変わります。

苦しみと言われるものをよく見てみると、そこにあるものは、思考と身体の感覚をともなった感情だけであることがわかります。悟りをひらくというのは、どんな思考も感情も個人的なものではなく、やってきては去って行くエネルギーの流れにすぎないとわかることです。本当の自分とはそのエネルギーが流れて行く広がりそのものだとわかることです。すると、自分はそれまで自分が想像していたよりもはるかに広大なものだとわかり、苦しみが相対的にちっぽけなものになってしまうのです。

しかし、悟れば（広がりとしての自分に気づけば）それだけですぐに楽になるわけではありません。悟りを強く求めている方ほど、人間として癒されていない部分を抱えていることが多いです。心の奥に自分でも気づいていない深い痛みと、それにともなって抑圧されている膨大な怒りや悲しみを抱えたままになっています。

その部分に気づいて心理的な意味で自分を癒す作業を行っていかないと、たとえスピリチュアルなワークや瞑想などで自分の本当の姿を垣間見たとしても、その状態に落ち着いていられないのです。

そのために必要な方法をこのあとお話ししていきます。

2　沈黙と親しくする

本当はすべてが一つで分離がないのにそのことを忘れてしまうのは、思考の世界に閉じ込められているから、思考が作り出した物語（ストーリー）と同一化しているから、思考の内容をそのまま信じてしまうからです。

思考の世界（分離の世界）から抜け出して、今ここにある幸せを感じるために必要な三つの基本的なことを最初にお伝えします。この三つはこの本全体を通して何度も出てきます。頭で考えすぎてよくわからなくなったときはいつでもこの三つに戻って下さい。

１、沈黙と親しくする
２、身体の感覚を感じる
３、ありのままを認める

まず「沈黙」です。沈黙と言っても、何もしゃべらない、ということではありません。ここで大切な沈黙とは、頭の中の沈黙です。

ほとんどの人は頭の中で四六時中、声に出さないおしゃべりを続けています。自分でも気づかないうちに頭の中を思考で埋め尽くしています。すると、その思考の奥、思考の背景にいつもある、静けさ、沈黙、空（くう）が見えなくなってしまうのです。

誰にでも、ときどき頭の中の言葉の流れが一瞬止まって、しんと静まり返る瞬間があるはずです。美しい風景を見て感動したとき、素晴らしい音楽に聞き入っているとき、愛する人とスキンシップをしているとき、疲れすぎて考えることすらできなくなっているとき。

いつも頭の中がうるさい人にとっては、思考が静まるのはほんの一瞬で、何かちょっと変な感じがしたなと思うだけか、そもそも気づくことすらないかもしれません。

できれば、思考が止まったその瞬間に気づいて、意識的にその静かな感覚、何もない感覚を味わって下さい。沈黙に気づいたまま、沈黙の状態にいて下さい。

その状態にいる、と言われてもよくわからないときは、短い思考の隙間、思考のない瞬間に気づくだけでもいいです。一回はほんの短い時間でもいいので、1日のうちに何度も何も考えていない瞬間に気づくようにして下さい。

私たちはあまりにも考えることを大切にしすぎています。頭がいいこと＝思考を上手に使うことが評価される現代社会では、沈黙、静けさ、空っぽさは意味のないものだと思われがちです。でも、沈黙にこそ多くの人が見失っている一番大切なものがあるのです。

沈黙と仲良くすること。沈黙と親しくすること。それだけで生きる感覚が変わってきます。

すべてが一つにつながっていることが実感されてきます。人生に新しい質が流れ込んできます。

Q　「今、何も考えていない」と思えばいいのですか。

「あ、今何も考えていないぞ！」と考えることはよくあります。でも「な・に・も・か・ん・が・え・て・い・な・い」というのはすでに思考です。もう頭の中に言葉が流れています。沈黙そのものではなく、沈黙について考えているのです。

とはいえ、そう考えたということは、その一瞬前には沈黙に気づいていたはずです。それまで内なる沈黙のことなど考えたこともなかった方が、何も考えていない瞬間に気づけたのは大きな変化です。

最初のうちは「何も考えていない」と考えることも大切です。その先に、「何も考えていない」という思考も使わないで、何も考えていない状態にただ落ち着いている、という感覚があることを意識してみましょう。

Q　いつも頭の中がうるさくて、内なる沈黙と言われても何のことかよくわかりません。

大丈夫です。あなたはすでに思考の世界から、分離の夢から離れ始めています。完全に思考と一体になっているときには「頭の中がうるさい」ということにも気づいていません。「頭の中がうるさい」と考えられるのは、すでに思考から離れた視点、思考を客観的に見る視点を持っているからこそです。

できれば、「頭の中がうるさい」と言葉を使って考えないで、その「うるささ」に気づいて下さい。考えが頭の中を流れていくことに、ただ気づいておいて下さい。

これは瞑想で、思考を客観的に見る、思考を観察する、などと呼ばれる状態です。意識的にこの状態にいるようにしていると、内なる沈黙に気づきやすくなります。

Q　何も考えていない時間があると、自分がどこか変になってきたのではないかと不安になります。

いつも考え続けている人が内なる沈黙に気づき始めると、不安に感じることはよくあります。これは、沈黙が広がってくると、普段忘れている人生のもう一つの側面が開き始めるからです。私という夢が緩み始めるからです。自分の本当の姿を思い出しそうになるからです。

あなたは変になってきたのではなく、自然な姿に戻り始めています。

心配はいりませんので、そのときの身体の感覚をありのまま味わってみて下さい。不安な感覚とともにいて下さい。

いつでもそのとき感じているありのままの感覚をそのまま感じとることが大切です。

3　身体の感覚を感じる

内なる沈黙＝何も考えていない瞬間がどうしてもつかめないときは、意識的に感じる練習をする必要があります。というのも、私たちは心の中の何かを感じたくないとき、頭の中を思考で一杯にして、感じるスペースを作らないようにしています。感じないようにするために考え続けているのです。

まずはどんなときにも、本当のところはどう感じているのか、ということを意識するようにして下さい。

本当は腹が立っている。本当はとても悲しい。本当はこんなことしたくない。本当はもっと寝ていたい。

あなたは「～でなければならない」という思考で、自分が本当に感じていることにふたをして、感情を抑圧しています。それを続けていると、自分が何を感じているのかまったくわからなくなってしまうこともあります。自分の本当の気持ちと切り離されてしまうのです。

すると、そのもっと奥にある、大いなるものとしての自分、自分の本来の姿にも気づけなくなるのです。

とはいっても、あまりにも考えることばかりで生きている人は、感じることがとても難しくなっています。感じてみましょう、と言われても何のことかわからなくなっているのです。

そんなときは、身体の感覚に意識を向けてみましょう。

身体の中にどんな感覚があるのかに注意を向けてみます。頭に痛みがある。肩に力が入っている。胸のあたりにチクチクする感覚がある。腰のあたりが重たい。

もしかしたら、もっと微妙な感覚、例えば、ジーンとするような感覚、ジリジリとするような感覚がどこかにあるかもしれません。

その感覚がそこにあることをただ許してみましょう。どんな不快な感覚があっても、その感覚がそこにあることを認めてあげましょう。

感情はエネルギーの収縮として身体の緊張の中に埋め込まれています。身体の感覚に意識を向けていくことが感情に気づく入口となり、多くの人にとって本当の自分を思い出す最初のステップになります。

Q　「頭が痛いな」と考えればいいのですか。

「あたまがいたい」は言葉、つまり思考です。私たちは感じているつもりで、感じていることについて考えてしまうことが多いです。知らないうちに思考の世界だけに生きているのです。

目覚めることは思考の世界から抜け出して、本当の世界、生（なま）の世界に生きることです。できるだけ、言葉を使わないで感じる、ということを意識して下さい。「痛み」という言葉すら使わないで、「痛み」という言葉で表現したくなる、身体がチクチクする感覚そのものに意識の焦点を当てて下さい。

感情も同じです。「怒り」という言葉を使わないで、身体の中を動いている激しいエネルギーの流れそのものに気づいて下さい。「悲しみ」という言葉を使わないで、胸のあたりにある違和感を意識して下さい。

言葉を外して、思考を外して、感覚そのものに気づいて下さい。その感覚について考える必要はありません。ただ一緒にいて下さい。

エクササイズ

考えることと感じることの違い

意識的に深い呼吸を何回か繰り返して心身をリラックスさせましょう。少しぼんやりとした意識状態に入ります。

目を閉じて鼻の先端を指で触れて下さい。何回か触れたり鼻先をこすったりして、鼻と指先の間で感じる感覚（暖かいような、ざらざらするような、つるつるするような様々な感覚）をよく味わって下さい。

次に、「私は鼻に触れている」と考えてみます。

「わ・た・し・は・は・な・に・ふ・れ・て・い・る」という思考（言葉の流れ）と、実際に鼻先で感じている感覚は同じものでしょうか？

もう一度目を閉じてまた何回か指で鼻に触れます。

今度は「この感覚」と考えます。

「こ・の・か・ん・か・く」という思考は実際の感覚と同じものでしょうか？

Q　どうしても言葉が出てきます。言葉を外して感じることができません。

今はそれでも大丈夫です。

言葉を外して感じるという感覚がどうしてもわからないときは、逆に、感情や感覚に言葉を与える、ラベルを貼る練習をしてみましょう。

心の中や身体の中に何らかのエネルギーの動きが起こったとき、それに「怒り」「悲しみ」「不安」「痛み」などの名前をつけてみます。

これは特に、何かが自分の中で動いているのだけれど、それが何だかわからない、それをどう扱っていいのかもわからない、という方にお勧めです。名前をつけるだけで「ああ、これは怒りなんだ、自分は怒っているんだ」と気づけて、自分とつながり、安心できることがあります。

そして、この感覚を十分体験したら、その次に、言葉を外して感じる練習をして下さい。

エクササイズ

感情を声に出して言ってみる

意識的に深い呼吸を何回か繰り返して心身をリラックスさせましょう。少しぼんやりとした意識状態に入ります。

今自分が何を感じているのかを意識して下さい。苦しい、悲しい、寂しい、腹が立つ、うらやましい、どんな気持ちでもかまいません。普段、思考の影に隠れて見えなくなっている感情はないでしょうか。

今は特に何も感じていないようでしたら、最近感じた感情を思い出して下さい。

その感情を声に出して何度も言ってみます。周囲に人がいるときは声に出さず頭の中だけで言ってみましょう。

「苦しいよ、苦しいよ」とか「寂しいよ、寂しいよ」「腹が立つ、腹が立つ」という感じで何度も繰り返し言ってみて下さい。

繰り返し言っていると別の感情が浮かんでくることもあります。そしたらその感情をまた声に出して言ってみます。


しばらく続けたら、声に出すのをやめて、しばらく沈黙します。

そのとき、自分の内側でどんなエネルギーが動いているかをよく味わって下さい。

4　ありのままを認める

目覚めること、悟ること、世界のもう半分に気づくことは、この世界がありのままで完全であることを思い出すことです。

ただ、完全という言葉は誤解を産むかもしれません。完全であるとか、完全でない、といった言葉を外して世界を見る、と言った方がより正確でしょう。

あなたの世界の中で起こることをただありのまま認めるようにしてみましょう。

すでにお気づきかもしれませんが「沈黙と親しくすること」と「身体の感覚を感じること」はそのまま「ありのままを認めること」です。

身体の感覚に意識を向けているときには思考が静まり、沈黙に気づいています。沈黙に気づいているときには言葉の世界から抜け出しています。言葉の世界から抜け出しているときには「よい」とか「悪い」とか、「完全である」とか「完全でない」といった分離の視点を抜け出し、世界をありのまま見ています。

日常生活の中でどんなときにも、内なる沈黙に気づいていて下さい。それが難しいときには身体の感覚を意識しておいて下さい。すると、世界はもともとありのままで許されているという感覚を思い出し始めます。

Q　あんなひどい人をありのまま許すなんてできません。

他の人を許す必要はありません。そもそも他の人はいません。許すべきは自分自身です。もし誰かのことを許せないと感じているのなら、そう感じている自分自身を許して下さい。誰かに激しい怒りを感じているとしたら、そう感じている自分自身を許して下さい。

自分を許すということは、自分の本当の感情を感じることを許すことです。そのときの身体の感覚をありのまま感じ取ることです。それはまた、自分自身を愛することでもあります。

自分が何を感じてもいいのだ、自分はいつでもありのまま許され、愛されているのだ、とわかってきたとき、あなたは自然と他の人も許しています。そのとき、自分とその人の間に分離がないことを思い出しています。その人＝自分だとわかります。

すると、すべてがもともと一つにつながっていたことを思い出し、深く安心できるのです。

Q　ありのままの自分を愛することが大切だとよく言われますが、こんな自分を好きになれません。

愛することと感情的に好きになることはまったく違うことです。無理に好きになる必要はありません。自分のことが好きになれないならば、自分を好きになれないということを許して下さい。

「自分のことを好きになれない」と考えてしまうときの、身体の感覚をよく味わって下さい。

自分を愛するということは頭で考えることではありません。そのときどきの感情や感覚をありのまま感じ取ることが自分を愛するということです。

たとえ不快な感覚やあまり感じたくない感情があったとしても、その感覚とただ一緒にいてあげて下さい。それもあなたという存在の大切な一部なのに、これまで知らないうちに自分から切り離していたのです。その部分を自分に取り戻していくことが分離の夢から覚めていく第一歩です。

Q　ありのままを受け入れるのでは何の進歩もないのではないですか。

ありのままを受け入れるということは、何もしないでじっとしている、ということではありません。もし、あなたが何かをしたくなって、実際にそれを行動に移すということが起こるのであれば、それがそのときのありのままです。

また、ありのままを受け入れるということは、ずっと現状のままでいいということでもありません。

変わりたいと思っている人の多くは自分でも気づかないうちに自分自身を否定しています。否定しながらどれだけ変わるための努力をしても、ブレーキとアクセルを同時に踏んでいるのと同じで、表面的、一時的な変化は起こっても、本質的な変化は起こりません。そこから身動きできなくなっているのです。

まずは自分のありのまま、今そうなっているままの姿を認めることが必要です。ありのまま認めるということは、愛することです。子供の成長に必要なのは、叱ることばかりではなく、その子の存在をありのまま許してあげる本当の愛情であることを思い出して下さい。

ありのままを認められたとき、自分がもともと持っている存在のパワーが働き始めます。人間の自然な成長のプロセスが進み始めます。本当の変化、真の変容が起こるのです。

Q　そもそもありのままとはどういう意味ですか。

「ありのまま」という言葉には二つの意味があります。

私たちが普段よく使う意味は、ありのままの自分を認める、というような表現で使う「ありのまま」です。

これは、自分の中にあるのだけれど見えなくなっているものを、そのまま、ありのまま認める、と言うときに使う「ありのまま」です。今の自分はありのままではないけれど、見えなくなっているものに光を当てて、受け止めることができるようになるとありのままの自分になる、という感じです。これは人間の成長のプロセスの中では大切な段階です。

しかし、「ありのまま」にはもう一つの意味があります。

それは、すべてのものはもともとありのままであってありのままでないものはどこにもない、という意味での「ありのまま」です。今そうなっていることがそのままありのままということです。今そうなっていることはそうなっているのだから、それがすでにありのままである、という意味です。

この視点から見れば、私たちはいつでもありのままで、ありのままでない状態はありません。

これは、私たち皆が求めている、目覚めた視点を得た状態、つまり、全体性に気づいている状態と同じです。

第一の意味でのありのままの自分に気づくプロセスを深めていくと、自分の内なる分離が癒され、すべてが一つにつながっていることを思い出します。すると、自分の何かを見ないようにしていたことすらこの世界のありのままの一部であって、そこには何の問題もなかったのだ、ということに気づきます。

第一の意味でのありのままの自分を認めていくことが、第二の意味での、根源的な意味でのありのままに気づく入口になるのです。

5　すべては自然に起こっている

本当は分離はなく、世界のすべてのものがたった一つの何かの表現なのだ、とわかってくると、自分が頑張ってこの世界の中で生きている、という感覚が小さくなってきます。自分がやっていると思っていることすべては、大いなるものがこの心と身体を使っていろんなことを表現しているだけなのだ、ということがわかってきます。

すると不思議なことに、現実の状況は変わらなくても生きる感覚が徐々に楽になってきます。生きることから深刻さがなくなってきます。

誰かがあなたに何か嫌なことを言ったとしても、それを必要以上に気にすることがなくなります。その人がその人の意思で言っているわけではないことがわかるからです。

ただ、宇宙の流れの中で、今その人はそういう言葉を言う役割を与えられているだけだし、それを聞いてあなたの中で何らかの反応が起こったとしても、それもまた自然に起こっているだけだとわかるのです。

すべてはスピリットの表現として自然に起こっています。天気がよいときもあれば、雨が降るときもあり、激しい嵐がやってくるときもあります。それと同じように、楽しいときもあれば、悲しいときもあり、激しい怒りに身を震わせるときもあります。お天気が変わるのは誰かがやっているわけではなく、宇宙がやっているとしか言えません。

思考も感情もあなたの意思や行動すらも、あなた自身のものではなく、ただ自然に移り変わっていく宇宙の流れの一部なのです。

なので、それほど力を入れて頑張る必要はありません。力をいれて頑張っているとしても、それすら自分がやっているわけではなく、ただそうなっているだけなのだとわかると、自然と力が抜けていきます。

もっとリラックスしてもいいのです。そのほうがいろんなことがうまくいきます。

Q　すべてが自然に起こっているだけなら、何をやっても責任をとらなくていいのですか。

そんなことはありません。そう考えてしまうのは、分離の視点と大いなる視点を混同しているときです。

現象世界の中では、つまり夢の中では、あなたがやったことの責任はあなたが取る必要があります。それがこの世界のルールです。

でも一方で、責任を取る必要があると考えることも、いや責任なんか取りたくないと考えることも、責任をとらないあいつは悪いやつだと考えることも、それらすべてがただ自然に起こっているのです。

どんな決まりごともゲームのルールにしかすぎない、とわかりながら、それに意識的に従ったり従わなかったりできるのです。夢を夢だとわかりながら演じることができるのです。

6　投影

生まれたばかりの赤ちゃんはまだ分離の世界を知りません。言葉を知らないので、分離していないということも自覚しないまま、全体性の中に生きています。

やがて私たちは言葉を覚え、思考の世界に入っていきます。「私」という言葉を覚えた瞬間に世界は「私」対「私でないもの」に分離してしまいます。

私という夢の世界に入っていくのです。

その後成長していくにつれ、私たちは自分の中の一部を自分ではないものとしてさらに自分から切り離していきます。周囲の世界から受け入れてもらえないと感じるエネルギー、怒りや悲しみやセクシャリティなどを持つ自分はいけないものだと考え、心の奥にふたをして閉じ込めてしまうのです。

本当は自分の一部なのに自分ではないものとして否定されてしまったエネルギーは外の世界に映し出され、まるで自分の外側にあるように見え始めます。心理学ではこの現象を「投影」と呼びます。自分の中にあるものが外の世界に映し出されるのです。

本来は境界線のない世界に自分の内側の分離が投影され、私と私以外という境界線がますます強固なものになっていきます。

こうして、楽しくも悲しい「人生」というゲーム、「私」というストーリーが続いていくのです。

これが単なるゲームだとわかっていれば、ゲームをもっと楽しむことができるでしょう。これを唯一リアルな世界だと思い込んでしまうと、生きることはとても大変なことになってしまいます。私たちはこれがゲームであることに気づき、分離の夢から覚めることができるのです。

そのためには投影している部分に気づき、それがもともと自分自身だったことを思い出す必要があります。投影を引き戻す必要があります。


世界は不思議な働きによってあなたが見たくないと思っているあなた自身をいつも見せてくれます。世界はあなたの鏡なのです。

ということは、あなたの世界をよく見てみれば、何を見ないようにしているのか、何をきちんと見ていけば目覚めることができるのかを教えてくれます。

Q　世界が自分の鏡とは、具体的にはどういうことなのですか。

世界の中で気になるものをよく見て下さい。

戦争や争いごとに心を痛めているとしたら、あなたの内面にまだ気づいていない争いがあるのかもしれません。

いつも理由なく怒られるとしたら、あなたの内面には大きな怒りがあるのかもしれません。

子供の泣き声が気になるとしたら、あなたはとても泣きたいのかもしれません。

同じように振舞う必要はありません。何かが気になるとき、それについて考えることをできるだけやめて、そのとき自分の身体の中で動いているエネルギーを直接感じて下さい。身体感覚とともにいて下さい。どんな感情が動いても、その感情をそのまま感じ取って下さい。

その感覚、その感情にふたをしているので、あなたの外側の世界にある同じエネルギーがなぜか気になるのです。

こうして内面に気づく作業を続けていくと、不思議なことに、世界の中に気になるものが少しずつ減っていきます。世界が静かになっていきます。生きる感覚がまったく変わっていきます。

エクササイズ

内なる争いに光を当てる

意識的に深い呼吸を何回か繰り返して心身をリラックスさせましょう。少しぼんやりとした意識状態に入ります。

いつも誰かに心の中で反論していることはありませんか。会社の上司、部下、親、子供、妻、夫。その中から誰か一人を選んで下さい。

まず、その人に言いたいこと、本当は言いたいのだけれど普段はなかなか言えないことを、その人の顔を思い浮かべながら、本当にその人に向かって話しているかのように語りかけて下さい。

十分語ったら、今度はその人の気持ちになってみて下さい。今のあなたの言葉を聞いて、その人ならどんなことをあなたに言いたくなっているかを想像してみます。そして、その人の気持ちになってあなた自身に語りかけて下さい。

十分語ったら、今度は、それを聞いた自分自身の気持ちを感じてみます。今感じていることをその人に語りかけてみます。

こうして、交互に互いの気持ちになって対話を続けます。人がいるところでやるときは、心の中でやってみます。

一段落するまで続けたら、しばらく沈黙の時間を取って、自分の内側で起こっている感覚を味わってみましょう。

Q　すべては自分の内側の投影だとすると、起こることは全部自分の責任のような気がして辛くなります。

投影という考え方を知ると、最初はそう考えてしまうのも仕方ないことです。でも、その心配はいりません。

投影していたものに気づき、それも自分の一部だったのだとわかっていくにつれ、分離の夢が終わっていきます。私とあなた、善と悪、内側と外側といったすべての区別は思考が作り出したストーリーであって見かけ上のものでしかない、ということがわかってきます。

すると、そもそも誰も何もやっていない、すべてのことは宇宙がやっているだけ、自然に起こっているだけなのだ、ということがわかってきます。自分の内側で何かを見ないようにしているのも、自分がやっているわけではなく、ただそうなっているだけなのだ、とわかるのです。

あなたにできることがあるとしたら、そうなっているということに気づいておくだけです。気づいておくと、それを自分がやっているという感覚が緩んできます。

何かを自分の責任だと思っている人は、一度人の責任だと思ってみるといいでしょう。人の責任だと思っている人は、一度自分の責任だと思ってみて下さい。その先に、誰の責任でもない、ただそうなっているだけだ、という真実が開かれてくるのです。

7　癒しと悟り

分離はない、私はいない、という言葉を聞くと、私があることはいけないことで自我をなくさないといけない、と考えてしまうことがありますが、そうではありません。

小さな私という感覚、この身体と心で生きている人間としての私という感覚はある種の夢のようなものですが、それがしっかりしていないとこの世界の中ではうまく生きていけません。まず自我を適切に形作って、次にそれを超えていく必要があるのです。


投影を引き戻していく作業、閉じ込めていた自分の一部を取り戻していく作業は、最初のうちは健全な自我を形作っていく作業です。怒りも悲しみもセクシャリティも人間の自然なエネルギーの一部であって、悪いものではないと気づいていくことは、心理的な癒しのプロセス、人間としての自分を癒していくプロセスと言ってもいいでしょう。

この作業をきちんと行なっていないまま分離はないのだとわかっても、そのあとに人間としての自分を癒していく必要があります。そうしないと、目覚めたと思ったのにまた元に戻ってしまう、という感覚におちいってしまうからです。

癒しと悟りは別のものではなく、連続的に続く一つのプロセスなのです。

Q　悟るためには我を捨てる必要があると聞きました。我を捨てるというのは聖人君子のように欲も持たず、自分のやりたいこともせずに生きることだと思うのですが、それはとても難しいです。

我を捨てるというのは、欲を持たずに、自分のやりたいことをしないで生きることではありません。そう考えて自分のやりたいことを我慢していたのでは、本当の悟りから遠ざかってしまうでしょう。

我を捨てるというのは、私が何かをしたくなるとき、その欲求はなんら私個人に属するものではないとわかることです。私がしたいのではなく、宇宙がそれをしたいのだ、と気づいているということです。

そのことに気づくためには、心身の緊張を緩め、エネルギーを自由に流していく必要があります。

まずは自分のやりたいことを十分にやって下さい。十分やりきったときに、自分という思い込みが緩み、個人的なものは何もない、そもそも私という実体はどこにもいない、ということが本当に見えてくるのです。

8　無意識

人間の心は意識（表層意識）と無意識（潜在意識）にわけて考えると様々なことがわかりやすくなります。意識とは自分で気づいている部分、無意識とは自分の中にあるのに自分で気づいていない部分、自分から切り離されてしまっている部分です。

無意識の領域は個人的無意識と集合的無意識の二つにわけて考えるとさらに理解しやすくなります。

個人的無意識とは、人間として生まれてきて以降に心の奥に閉じ込められてきた感情などのエネルギーの領域。

集合的無意識とは、これまで生きてきた人類全体に共通する無意識、すべての人間が体験してきた感情が閉じ込められている領域。

個人的無意識に気づき、それも自分の一部だったのだと認めていくプロセスが心理的な意味での癒し、人間としての自分を癒していくことです。心理的な意味での癒しを進めていくと、やがて人間としての自分を超えた領域、集合的無意識の領域に触れ始めます。

それは、人間としての自分を癒す段階から、自分が人間なのだという思い込みを癒す段階に入るときです。そのとき、そのプロセスについての知識がないと、自分がおかしくなってきたのではないか、という不安を感じることがあります。

でも、その心配はいりません。あなたは真の健康への道、成長のもっとも深い段階へと歩み出したのです。

Q　カウンセリングで悟りの話をすると変に思われます。一方で瞑想の先生は心の問題はそのままにしてただ瞑想しなさいと言います。どうすればいいのでしょうか。

一般のカウンセリングなどの心理的なアプローチは悟り・非二元の領域、集合的無意識の領域を考慮に入れていないことが多く、相談者が非二元的な体験をしてより深い領域に進み始めても、そのプロセスをうまく扱えず、場合によっては病的なものだと判断してしまうことがあります。

一方、伝統的な悟り、非二元のアプローチは感情や身体などの人間的な問題をおろそかにする傾向があるようです。

心理的なアプローチだけでは、深い心の痛みとそれにともなって抑圧されている感情を受け止めるのは難しいことがあります。その痛みすら大いなるものの一部、光の一部だと気づいて初めて、その痛みを受け止めるスペースができます。

また、伝統的な非二元のアプローチを通して悟りの世界、全体性の世界を一瞥できたとしても、人間としての自分をある程度癒していないと、大いなる自分の感覚に安定していることは難しいです。

心理的なアプローチと悟り・非二元のアプローチは車の両輪のようなもので、両方が互いを支え合って深まっていきます。どちらか一方だけではうまくいかないのです。


その両方に精通している人に援助を受けることができれば一番いいのですが、そういう人がどうしても見つからない場合は、まず自分に起こっていることにはすべて意味があるのだ、ということを理解した上で、カウンセリングでは心理的な面だけについて話をし、瞑想の先生にはそれよりも深い領域についてだけサポートを受ける、というように、それぞれの得意分野をうまく利用していけばいいでしょう。

また、両方の分野に詳しい人でなくても、起こることすべてをありのまま受け止めるという誠実さを持っている人であれば、きっとあなたの力になるはずです。

9　意識の発達段階

人間の意識の発達には段階があります。それぞれの段階から見える世界はまったく違い、それぞれの段階で必要な考え方も違います。そのことを理解しておかないと、さまざまなスピリチュアルや心理的な教えが違いに矛盾しているように見えて、どうしていいのかわからなくなってしまいます。

人間の意識は大きく分けると次の三つの段階を通って発達していきます。

1、動物意識
2、人間意識
3、神意識

動物意識の段階では、まだ自他の区別がはっきりしておらず、世界の中で大きな力に翻弄されて生きているような感覚です。

人間意識の段階では、自他の区別がしっかりしてきて、自分が自分の力でこの世界の中で生きているのだ、ということがわかってきます。自我が確立される段階、個人的無意識の領域に気づき、統合していく段階です。

神意識の段階に入ると、自分という夢から覚めていきます。自分がやっていると思っていたことも、すべて自然に起こっているだけなのだ、本当は自他の区別はないのだ、ということを理解します。自我を超えていく段階、集合的無意識の領域に気づき、統合していく段階です。

この三つの段階はひとつが完全に終わると次に移行するわけではなく、一人の人の中で複数の意識状態が同時に存在したり、行ったり来たりすることもあります。

今自分や他者がどの意識状態から世界を見ているのかを意識しておくことは、人間関係をスムーズにするために、そして真のスピリチュアルな成長を進めていくためにとても大切です。

Q　ポジティブに考えることでポジティブな出来事が起こると聞いたので実践していますが、うまくいかないことも多いです。私のやり方が間違っているのでしょうか。

いわゆる「ポジティブ思考」は動物意識から人間意識へ移行しつつある段階ではとても役立つ考え方です。世界は自分の力で思い通りになるのだ、自分の力をもっと信頼してもいいのだとわかることは、健全な自我を確立することでもあり、現象世界の中を生きていく上では大切なことです。

どんなにポジティブに考えてもうまくいかないときは、心の奥に自分でも気づいていないネガティブな思いがある可能性があります。自分にはどうせできない、自分にはふさわしくないといった自己否定の思い込みです。それに気づかないまま表面だけで（表層意識だけで）どんなにポジティブに考えようとしても、現実に現れるのは無意識の領域にあるネガティブなエネルギーになってしまいます。

まずは自分の心の奥に癒されていない部分、傷ついたままになっている部分があることを認め、癒していく作業が必要です。ネガティブな感情のエネルギーに気づき、解放していくことが必要です。

最初にもお話ししたように、身体の感覚を意識して、自分が本当は何を感じているのか、ということに気づくようにして下さい。自分をありのまま愛する作業です。それだけで生きる感覚はずいぶん変わります。無理にポジティブに考えようとしなくても、考えも状況も自ずとポジティブに変わってきます。意識的にポジティブに考えないといけないのは、心の奥のネガティブなものに気づいていないときだけなのです。

とは言っても、ポジティブ思考も万能ではありません。どうしてもポジティブに考えられないときもありますし、そもそも、あるものをポジティブだと考えることが必然的にネガティブなものを生み出しているのです。

やがて、思考によって「ポジティブ」「ネガティブ」という区別を作っていることそのものが苦しみの原因なのだ、ということがわかり始めるときがきます。

ポジティブ思考がうまくいかないと感じるのはやり方が間違っているのではなく、あなたの意識が次の神意識の段階に進むときが来ているからです。それなのに、いつまでもポジティブ思考にこだわっていると、先に進めなくなってしまいます。

あらゆる教えはそれを必要とする段階があります。ある段階に役に立つ教えが次の段階では邪魔になる可能性もあるのです。

すべての教えはある特定の段階で役立つ一つの道具にしかすぎません。川を渡るのに役立ったからといって、山に登るときに船をかついで行く必要はないのです。

必要なときにはその道具を使い、役目が終わったら手放すことが大切です。やがてすべての道具が必要なくなるときがきます。すべてがあなたの内側にあることがわかるのです。

10　スピリチュアル

「スピリチュアル（spiritual）」とは「スピリット（spirit）」の形容詞形で「魂に関係する」という意味です。魂とは、大いなるもの、光、存在、気づき、愛、神、ワンネス、などといった言葉でも表現されている、この世界を形作っているたった一つの何かのことです。

つまり、スピリチュアルとは本来、分離の夢から抜け出してすべてが一つにつながっていることを思い出すこと、人間意識から神意識への移行に関する言葉です。

しかし現在では、人間意識をいかに整えるのか、夢をいかによい夢にするのか、ということについてもスピリチュアルという言葉が使われることが多いようです。そのことをわかりながら、スピリチュアルと呼ばれる様々なことがらを上手に利用する必要があります。

Q　アセンションとは何なのですか。

「アセンション（Ascension）」は「アセンド（Ascend）」の名詞形で「上昇」という意味です。スピリチュアルな文脈では次元上昇というニュアンスで使われています。

目覚めのプロセス、悟りへのプロセスの途中では、「世界とはこういうものだ」という思い込みが緩み始め、まるで別の次元へと歩み出していくような感覚が続くことがあります。アセンションとはそんな体験を表現している言葉です。

個人が目覚めていくことと宇宙全体が目覚めていくことの両方に使われているようです。

Q　宇宙人はいるのでしょうか。

宇宙人、ＵＦＯ、天使、龍などの人間を超えた大きな力を持っている存在の概念は、私たちの内側にあるのに普段忘れてしまっているスピリットの大きなパワーを外の世界に投影しているものです。

私たちは自分が一人の人間にすぎないという思い込みの世界、分離の世界に閉じ込められていて、自分が持っているとてつもないエネルギーを無視しています。自分が神であるということを忘れています。投影の原理によって、自分の中にあるのにそのことを忘れてしまったものは、まるで外の世界にあるかように見えるのです。

私という夢を楽しむのと同じように宇宙人というストーリーを楽しんで下さい。それらのストーリーを読んだり聞いたりするときに感じるワクワク感や高揚感をよく味わって下さい。そのパワーは自分の内側にあることを意識して下さい。

Q　死後の世界やオカルト的な現象は本当にあるのでしょうか。

死んだ後どうなるか、ということは誰にもわかりません。エゴ（小さな私）はわからないことには不安や恐れを感じます。そのため、その不安や恐れを解消するために様々なストーリーを作り出します。そのストーリーを信じることで不安や恐れから一時的に解放されるのです。

様々な不思議現象は、私たちが分離の夢に閉じ込められていることから生じる不安や恐れを外側の世界に投影したものです。自分＝すべてなのだということがわかると、不思議現象に対する興味がなくなってきます。

私たちがここにいること、世界がここにこうしてあること以上に不思議なことはないということがわかるからです。

Q　何年にアセンションが起こるとか、世界が終わるといった情報は本当なのでしょうか。

ノストラダムスの大予言から始まって、様々な終末説のような情報が定期的に広まります。こういった情報は興味深いですが、それをそのまま信じる必要はありません。

私たちは自分の内側の気づいていないものを外側に投影します。目覚めのプロセス、人間意識から神意識への移行のプロセスは死と再生のプロセスと言われるように、古い自分が死んでいくプロセスです。そのプロセスが始まっているのにそのことを自覚していないと、それを外側の世界に投影して、世界が終わるのではないかと考えてしまうのです。

終末説が気になるときは、あなたの内側で目覚めのプロセスが進行しているときです。そのことに自覚的になってみましょう。

Q　スピリチュアルな本は知識を増やすだけで、思考を刺激しストーリーの世界に閉じ込められてしまうので、あまり読まない方がいいのでしょうか。

必ずしもそうではありません。

私もかつてはスピリチュアルや心理学の本を読まないではいられないときがありました。本を読むことで理解と気づきが深まっていく感覚がある一方で、どこか本に依存している感じもありました。その上、そんなときは、本を読まない人を軽蔑するような気持ちさえ持っていた気がします。本を読む自分に優越感を感じることで、無意識に分離を強めていたのです。

でも不思議なことにいつの頃からかほとんど本を読まなくなりました。最近は気になる本を買っても全体を通して読むことはめったにありません。また読むこともあるかもしれませんが、少なくとも今は本が必要なくなったようです。


読みたい本があるときは、あれこれ考えずに自由に読んでみるといいでしょう。本を読みたくなるときは本から得られるものがあるときです。

知識を増やすことは必ずしも悪いことではありません。目覚めのプロセスの中では想像もしていなかった体験が起こることがあります。そのときに、その体験についてあらかじめ知っておけば、それを受け止めやすくなる可能性があります。

また、目覚めのプロセスは、最終的に目指しているところは同じであっても、それを伝える媒体となっている人がもともと持っているエネルギーの違いによって、様々な表現で伝達されます。多くの本を読むことで自分にはどんなエネルギーが共鳴しやすいのかがわかり、その道（技法や瞑想法やエクササイズなど）を集中して進めばいいのだ、ということがわかることも利点です。

スピリチュアルな本を読むときに大切なことは、書いている言葉を頭で理解しようとしないことです。詩を読むような感覚で、自分の内側で動く感情や感覚、エネルギーの流れを味わいながら読んで下さい。よくわからない部分はこだわらずに流し読みしておいて下さい。あとから読み直したときに、その意味がわかるかもしれません。

やがて、どんな本も書いてあることは同じだ、ということがわかってきます。真実は自分の中にある、ということがわかれば、本は必要なくなります。

Q　占いはどのように考えればいいのでしょうか。

私は占いにはほとんど興味がありません。それは、世界はいつでも適切な状態にあるということがわかっているからだと思います。

未来を見る特別な能力を持っている人はたしかにいるようです。でもそれは、あなたが、今のあり方、今の意識状態のままいた場合にどうなるかがわかるだけです。あなたは今とはまったく違う次元に移行することができるのです。

もしあなたが占いに興味を持っているのなら、それも一つのストーリーとして、小説を読むのと同じように楽しんで下さい。幸せな未来の話を聞いたときは、その気分を味わって楽しんで下さい。悲惨な未来の話を聞いたとしても、そのとき感じる感覚をありのまま感じることを許して下さい。

そうやって、自分の感じることすべてをありのまま許せるようになると、心の中から無駄な思考が消えていきます。内なる沈黙が広がってきます。すると、すべてがいつでも適切な状態にあって、どうなっても大丈夫なのだ、ということがわかってきます。

どうなってもいいのだ、というのはなげやりになることではなく、ものごとの本当の姿を知ること、つまり、すべてははかないもの、一時的なもので、堅固な実体はないことを思い出すことです。すると、このありのままの世界がこのような姿で存在しているのはとてつもない神秘で驚くべきことだということがわかってきます。

そのとき、あなたは過去も未来も手放して今ここにいます。将来を心配することがなくなり、占いに頼る必要がなくなるのです。

11　思考

思考は便利な道具ですが、私たちは知らないうちに思考と同一化してしまい、頭の中を流れる思考を無条件に信じてしまいます。思考を道具として使うのではなく、思考に使われてしまいます。

思考が作り出しているストーリーから離れてありのままの世界を見る必要があります。

Q　思考に気づくことが大切だと言われますが、気づくとどうなるのですか。

瞑想などで、思考に気づくこと、思考を客観的に見ることが大切だと言われるのは、普段私たちは思考と完全に一体化していて、思考（考えていること）＝自分だと思い込んでいるからです。

自分が考えていることに気づく、ということは、思考との一体化から離れて、その思考を客観的に見る視点に移行するということです。すると、自分の思考だと思っていたものが、実は自分の個人的なものではなく、ただ自然に湧き出しているのだ、ということがわかってきます。なんらかの刺激を受けて思考と呼ばれるエネルギーの動きが自然に発生しているだけなのです。

そのことがわかってくると、考える主体としての自分はいないということ、すべてはただそうなっているだけなのだということがわかってきます。分離の夢が緩んでくるのです。

Q　いろんなことが心配になってしょうがないです。健康のこと、お金のこと、人からどう思われているか、などなど。いつも考えてばかりで心が休まることがありません。

人間として生きていると、いろんなことを考えて心配になるときがあります。

このままいったらお金がなくなってしまうかも。
このまま結婚できなかったら将来寂しい老後を過ごすのか。
あの人、私のことを変な人だと思ってないかな。

同じ言葉が何度も頭の中をめぐり、その考えに囚われてしまうとき、私たちはまるでその言葉が真実であるかのように捉えています。

でも、もし道端でわけのわからないことをつぶやいている人がいたら、その人が言っている言葉をそのまま信じることはないでしょう。それなのに、なぜか私たちは自分の頭の中を流れていく言葉はそのまま信じてしまうのです。

頭の中を流れていく言葉を、青空を流れていく雲を見るかのように、ただ流れるままにしておきましょう。その内容の一つひとつをそのまま信じないようにしておきましょう。すると意識のもう一つの次元が開き始めます。

エクササイズ　ゆっくり考える

頭の中を流れていく言葉をただ流れるままにするという感覚がわからないときは、意識的にゆっくり考えてみて下さい。

例えば、「変な人だと思われてないかな」という思考が浮かんできたら、意識的にその思考をゆっくりと考えてみましょう。

「へ・ん・な・ひ・と・だ・と・お・も・わ・れ・て・な・い・か・な」と。「へ」も「ん」も「な」も、単なる一つの音で、その音にはもともと何の意味もありません。それが連なって頭の中を流れたとき、そこに無意識のうちに特定の意味を与えて、それをあたかも真実であるかのように信じてしまいます。

その思考が単なる音の一連の連なりであることに気づいてみましょう。さまざまな形をした雲が空を流れているだけで、そこには本来何の意味もないのだ、ということを意識してみましょう。

Q　肯定的な言葉を使うといい、と聞いたので意識して使っているのですが、他の人が肯定的な言葉を使ってくれないと悲しくなります。

肯定的な言葉を使うことで肯定的な結果が引き寄せられる、プラス思考、ポジティブ思考と呼ばれる考え方があります。これは分離の夢の中ではとても大切な考え方ですし、生きることを少なからず楽にしてくれます。しかし、分離の夢から抜け出すプロセスに入ってくると、この考え方すら思考が作り出した一つのストーリーにすぎないと気づくときがきます。

「ありがとう」と「ばかやろう」という二つの言葉を考えてみましょう。分離の夢の中では「ありがとう」のほうが「ばかやろう」より肯定的で波動が高いとされています。でも前の質問と同じように考えてみて下さい。「ありがとう」の「あ」は「ばかやろう」の「ば」よりも波動が高いでしょうか。「り」と「か」はどうでしょうか。それぞれが単なる一つの音でしかない、「あ・り・が・と・う」と「ば・か・や・ろ・う」を続けて発音したとき、どちらかがどちらかより肯定的だとか、波動が高い、ということがあるでしょうか。

もちろん、長い間の集合的な思い込みの積み重ねで、夢の中ではあきらかに「ありがとう」は「ばかやろう」よりも肯定的でよい言葉になっています。でも夢から抜け出すと、「ありがとう」も「ばかやろう」も光そのもの、スピリットそのもの、愛そのものの表れであることがわかります。

だからといって誰かに向かってニコニコしながら「ばかやろう」と言う必要はありません。夢の中ではできるだけ「ありがとう」という言葉を使ったほうがいいと私も思います。それはこの世界というゲームのルールです。

でも、もっとも深い視点、全体性の視点から見れば、この二つの言葉には何の違いもないのだとわかると、あなたはこの世界という夢から抜け出し始めています。

誰かが「ありがとう」と言ってくれなくても、もし「ばかやろう」と言われたとしても、その人の態度も言葉も愛そのもの、光そのものの表れであることがわかっているので、必要以上に気にすることがなくなるのです。

Q　すべてはストーリーであるとはどういう意味ですか。

普段私たちが現実だと思って見ている世界はありのままの世界ではなく、言葉の世界、ストーリーの世界です。

例えば、私たちはリンゴを見た瞬間、リンゴそのものではなく「リンゴ」という言葉を見ています。頭の中にある概念を通してしかリンゴを見ていません。概念を外してリンゴそのものを見ると、そこで驚くべきことが起こっていることがわかります。存在の神秘が見えてきます。

頭の中を流れて行く思考は単なる言葉の流れ、エネルギーの流れにしかすぎないと気づくと、言葉を通さないありのままの世界、ストーリーを外した生（なま）の世界が見え始めます。分離のない世界が見えてくるのです。

エクササイズ　**ストーリーを緩める**

「私は○○である」というような、自分のことを表現する文章を5つ考えて、メモして下さい。あまり頭で考えすぎないようにして、ふと心に浮かんでくるものを書き留めて下さい。

今私は次の5つが浮かんできました。

私は神経質である。
私はやさしい。
私は寂しい。
私はセラピストである。
私は男である。

次に、一つひとつの文章について、順番に次のように言い換えてみましょう。できれば声に出して言ってみます。

私は神経質なときもあれば、そうでないときもある。
私はやさしいときもあれば、そうでないときもある。
私は寂しいときもあれば、そうでないときもある。
私はセラピストであるときもあれば、そうでないときもある。
私は男であるときもあれば、そうでないときもある。

言い換えた文章をひとつずつゆっくり読んでみて、どんな感覚が起こってくるかを味わって下さい。

最後の「男であるときも…」は、そんなことあるのか？　と疑問を感じるかもしれませんが、疑問の思考はそのままにしておいて、言ってみたときの感覚そのものと一緒にいて下さい。気づかないうちに同一化していた自分についての思考、自分についてのストーリーとの間に微妙な隙間ができるかもしれません。

12 感情

私たちは思考優先の世界に生きているので、感じることがとても苦手になっています。思考は便利な道具ですが、同時に、物事を二つに分けて分離を生み出す原因にもなっています。

感情が自然に湧き出してきたときに、そのエネルギーをありのまま感じて、感情の存在を認めていくことが大切です。それが自分をありのまま愛すること、すなわち、世界をありのまま愛することになります。

思考を外して感情のエネルギーを直接感じることを意識して下さい。感情が湧き出したときに身体の感覚を意識するようにして下さい。ストーリーをつけないでエネルギーの動きそのものを感じるようにして下さい。

すると、感じないようにするために考え続けていた思考の流れが自然と静まってきます。思考の背景にいつもある沈黙が見えてきます。分離の夢が終わっていくのです。

考えないで感じることを意識して下さい。

Q　感情がなくなるまで感じればいいのですか。

よく「感情を感じ切る」という言葉を聞きますが、すべての感情が消えてなくなるまで感じる必要がある、ということではありません。

何か出来事が起これば、それに反応して様々な感情が湧き出すのは自然な反応です。人間として生きている間は感情がまったくなくなることはありません。

ほとんどの人は心の中に自分でも気づいていない感情をたくさん抱えています。無意識の自己否定＝世界の否定です。感じ切るというのは、気づいていない感情に意識の光を当て、すべての感情に気づくこと、すべての感情の存在を認めるということです。

すると感情が自然に流れて行くようになります。どんな感情もやってきては去って行く自然のエネルギーの流れであることがわかってきます。

そのとき、自分の感情だと思っていたものはなんら個人的なものではなく、宇宙全体に属しているものだということがわかります。

感情を十分に感じる必要があるのは、感情がなくなるまで感じるためではなく、どんな感情も自分個人のものではない、と気づくためなのです。

Q　感情は自分ではない、個人的なものは何もないと言っているのに、なぜ個人的な感情を扱うのですか。

感情は自分ではない、ということは、もっとも深いレベルでは真実ですが、そのことを本当に理解するためには、一度自分の内側にあるすべての感情に気づく必要があります。その感情が自分自身のものだということに気づく必要があります。その段階を通過しないと、本当は感情は自分のものではなく宇宙全体のものなのだ、という実感を得られません。

抱えている苦しみが大きい人ほど、心の奥の感情、特に痛みを伴う感情にしっかり触れることには恐れを感じます。そのとき「感情は自分ではない」ということを知識として知ると、その考え方を感情にふたをする言い訳にしてしまうことがあるのです。

とはいえ、苦しみに向き合うことは大変な作業です。もし今あなたが苦しみを避けているとしても、そのことを問題だと考えないで下さい。それもまた必要なプロセスですから、できれば、そうしているときの自分の身体の感覚をありのまま感じとって味わってみて下さい。

Q　感情を浄化するワークをやっているのですが、うまくいきません。

感情を浄化するワークには様々なやり方がありますが、中には思考を使いすぎていて、ストーリーの世界にはまりやすいものもあるようです。

感情を浄化するためには、感情のエネルギーをありのまま感じる必要があるのに、感じているつもりで、実際には感情にまつわるストーリーについて考えたり分析したりしているだけになっている場合があるのです。

例えば、インナーチャイルドワークや前世療法などのような、過去の出来事を思い出すワークならば、出来事を思い出して感情が浮上してきたら、出来事の記憶は手放して、感情のエネルギーそのものを意識するようにして下さい。過去の記憶は感情を引き出すきっかけとしてだけ利用するといいでしょう。

Q　感情をありのまま感じるという感覚がどうしてもわかりません。

「感じる」という言葉を使うと「私が意図して『感じる』という作業をする」という印象になってしまい、どうしても誤解を生みやすくなります。

分離の夢が真実だと思っている間は、つまり、感情を感じる主体としての私がいると思っている間は、本当の意味でのありのままはわかりません。すべてがありのままでいいのだ、とわかるということは、すべては自然に起こっている、感じている私がいるわけではない、ということがわかることと同じです。

どうしても「ありのまま感じる」という感覚がわからないときは「感じる」という言葉も手放して、ただ感情と一緒にいるようにして下さい。その感情をどうにかしようとせず、そのままにしておく、という感覚を意識して下さい。

もし、その感覚もよくわからないようでしたら、あなたはご自分で想像している以上に感情を抑圧しているのかもしれません。そうだとすると、ありのまま感じる、ということをする前に、なんらかの方法で閉じ込めている感情を意識的に吐き出す作業、感情を解放していく作業をする必要があります。

その作業を深めていくと、感情のエネルギーが少しずつ流れ出し、抑圧のレベルが低くなってきます。すると、感情をありのまま感じるという感覚がわかりやすくなります。

エクササイズ

ジベリッシュ瞑想

意識的に深い呼吸を何回か繰り返して心身をリラックスさせましょう。少しぼんやりとした意識状態に入ります。

意味のない言葉を話し続けます。「あらほけひらへれ…、はでれべほげでせ…、%#&!・¥?・*

@…」

頭がおかしくなったかのような気持ちで、わけのわからない声を出し続けます。

もし感情が動き始めたら、その感情を声に載せて表現してみます。悲しくなったら悲しいように、怒りを感じたら怒っているように、嬉しくなったら嬉しいように声を出し続けます。感情が動かなくてもかまいませんから、ただ声を出し続けます。

落ち着いてきたら、声を出すのをやめて、しばらくの間沈黙を味わいます。そのとき自分の内側で動く感情や身体の感覚をありのまま味わってみます。

意味のある言葉を使うとストーリーに巻き込まれやすくなります。このジベリッシュ瞑想では意味のない言葉を使うことで、エネルギーそのものに直接触れやすくなります。

Q　激しい感情が出てくるとどうしていいかわからなくなります。

深い悲しみに打ちひしがれているとき、激しい怒りに翻弄されているとき、自分の身体の中を流れて行く膨大なエネルギーをどうにかしようとせず、ただそれと一緒にいて下さい。それについてあれこれ考えることをできるだけやめて、そのエネルギーがそこにあることをただ許してみて下さい。自分がそのエネルギーを流していく太いパイプになっているのをイメージして下さい。その大きなエネルギーが分離の夢からあなたを解放していくパワーになります。カルマを燃やしていく炎となります。

どんなワークをしても感情が出てこないこともあります。今激しい感情が出てくるということは、あなたにそれを受け止める準備ができているということです。そのエネルギーにできるだけ自覚的になって、無意識にそれを人に向けて表現しないように注意しましょう。

そして、この前のジベリッシュ瞑想のように、人にぶつけないような形でそのエネルギーを解放する作業を行って下さい。

Q　あまり感じていると人とうまくやっていけないような気がします。

感情を感じたときにそれを表現しなければいけないわけではありません。

ここは感情を扱うときに多くの方が勘違いするところなので特に強調しておきたいのですが、感じることと表現することはまったく別のことなのです。

いつも怒っている人が怒りをありのまま感じられているのかというと、それはまったく反対です。その人は自分の怒りを認められずぎりぎりまで抑圧しているので、怒りのエネルギーが無意識に溢れ出しているのです。

自分の怒りをありのまま認めている人はむやみに怒りを表現することはありませんし、必要なときには意識的に怒ることもできます。

感情を抑圧して閉じ込めるのでもなく、無意識に表現するのでもない、第三の道があります。それが、感情のエネルギーを身体の感覚として、ただ感じとる、ありのまま意識する、という方法です。

最初は少し難しいかもしれませんが、一度コツをつかむと、いつでもその感覚に戻れるようになります。そのとき、本当の意味での変化、深い変容が起こるのです。

十分感じられていない感情は無意識に溢れ出してきて人間関係のトラブルの原因となります。自分の心の奥の感情が出てきているだけなのに、相手が悪いと思ってしまうからです。

感情を十分感じること、感情の存在をありのまま認めることがよい人間関係を作る第一歩です。

Q　感情を感じるのは子供っぽいことのように思います。

そう考えるということは、子供っぽいことはいけないこと、否定的なことだと思いこんでいるのかもしれません。

すべての人の中にすべてがあります。どんな人の中にも子供っぽい部分、理性的な大人の部分、悟りを開いている部分、すべてが存在しています。その中の一部にだけ同一化（それだけを自分だと思うこと）していると、自分の全体性を忘れてしまい、分離の夢の中に閉じ込められてしまいます。

あなたは、いつでも、同時に、子供であり、大人であり、悟っているのです。

いつも冷静な人が突然子供っぽく振舞ってしまったり、科学的な思考の持ち主が急に怪しげな宗教に傾倒してしまったりすることがあります。誰の心の中にも子供っぽい部分や神秘的な部分があるのに、それにまったく気づいていないと、その部分がコントロールできない形で表れて、周囲の人も自分自身も混乱させてしまうのです。

自分の中に子供っぽい部分があることを感じて下さい。子供のように泣いたり笑ったり怒ったりしたい自分がいることを認めて下さい。必ずしもそれを実際にやる必要はありません。

自分の中の子供の部分を認めることが、本当に大人になるということです。

Q　不安や恐れ、怒りや悲しみ、嫉妬や絶望など、否定的な気持ちを持ってしまうことはいけないことではないのですか。

あなたはどんな気持ち、どんな感情を持ってもいいのです。そもそも何を感じるかをあなたがコントロールすることはできません。感情はただ自然に湧き出してくるだけで、感じようとして感じるものではないのです。

それなのに、特定の感情はいけないものだと考えてしまうと、自分で自分の一部を否定することになります。自己否定のあるところにエネルギーの収縮、緊張が生まれ、本当はすべてが一つにつながっていて、すべてが自分自身なのに、世界から分離した小さな私がいる、という感覚が生まれます。恐れと不安に満ちた「私という夢」の中に閉じ込められてしまうのです。

あなたの中にあるどんな気持ちも、その存在をありのまま認め、感じることを許してあげて下さい。その感覚を身体感覚として感じ取ってみて下さい。すると「私という夢」、分離の夢が緩んできます。世界の全体性を思い出します。どんな気持ちがあっても、それを感じる実体としての「私」がいるわけではないのだ、ということを思い出します。

どんな否定的な感情を感じたとしても、その感情をありのまま認めることを通して癒され、目覚めていけます。心の一番奥にいつもある安心感を思い出していけるのです。

Q　外側ばかりでなく自分の内側を見ることが大切だと言われますが、内側とはどこのことなのでしょうか。思考や感情ですか。

外側のことばかり気にして自分をおろそかにしていると、生きることは苦しくなってきます。まずは、自分が本当は何を考え、何を感じているのか、ということに気づき、それを大切にしていくこと、そう考え、感じてもいいのだ、と認めることはとても大事なことです。そうするだけで生きる感覚はずいぶん楽になってくるでしょう。

しかし、自分の内側を見るということは、それだけではありません。やがて意識はもっと内側、もっと自分に近いところに向かっていきます。

真のスピリチュアリティ、悟り、非二元の視点から見れば、思考も感情も、そしてこの身体すらも「外側」です。

あなたの外側を鳥が飛んでいるのと同じように、あなたの外側にいろんな考え、いろんな思考が飛び回っています。あなたの外側を雲が流れているのと同じように、あなたの外側に喜びや怒りや悲しみが流れています。あなたの外側を車の騒音、テレビの音、誰かの話し声、いろんな音が流れているのと同じように、あなたの外側に頭の痛み、肩のこり、足の重さ、いろんな身体感覚が流れています。

自分の内側だと思っていたものも、実はすべて自分の外側なのです。

その「外側」すべてに気づいている私、本当の「内側」にある私の存在を意識して下さい。そのとき真の探究のプロセスが始まります。

これはこの本の最初にお話しした「沈黙を意識する」「気づきそのものに気づく」ということと同じです。その気づきをできるだけいつも保っておくことで、その気づきはあなたの存在全体に、ゆっくりと、知らないうちに浸透していきます。そこはかとない気楽さが人生全体に広がっていることに気づいて、はっとするかもしれません。

※「私とは何かの瞑想（P113）」も参考にして下さい。

13 身体

スピリチュアルな探求をしていると、身体をおろそかにして、より高次の存在にばかり意識を向けてしまうことがあります。でも、すべてをありのまま認めるということは、この身体の存在もありのまま認めるということです。ありのまま認められたときにそれを超える視点を持てるのです。

Q 身体は本当の自分ではないのですから、もっと大いなるもの、スピリットそのものに意識を向けたほうがいいのではないですか。

求めている真実はこの現象世界を超えたところにあると考えてしまうと、物理的な身体をおろそかにしてしまうことがあります。しかし、それでは本当の幸せ、心の平安を感じることはできません。すでに存在している何かを否定している間は、真実は見えないのです。

多くの人は特定の感情を感じないようにしています。感じないようにふたをされた感情は身体の緊張の中に閉じ込められているので、感情を感じないようにしていると身体も感じることができません。

また、身体をありのまま感じるということは動物としての自分を意識することにもつながります。激しい動物的な衝動や性的エネルギーは理性によって否定されがちですから、ここでも身体を否定することになります。

さらに、物理的な身体はいつか必ず消滅します。身体をありのまま感じることは、死をリアルに感じることですから、自我はそれを恐れます。ますます身体に気づきにくくなるのです。どんなときにも身体の感覚をできるだけ意識しておくことが大切です。身体をありのまま感じ、身体の中に十分存在できるようになったとき、自分＝身体なのだ、という思い込みから離れていくスペースが生まれます。

悟りは身体を通してひらくものなのです。

エクササイズ

身体をスキャンする

できれば布団やベッドに横になって下さい。座ったままでも大丈夫です。

意識的に深い呼吸を何回か繰り返して心身をリラックスさせましょう。少しぼんやりとした意識状態に入ります。

身体の各部分に順に意識を向けていきます。

まず左足に意識を向けます。左足の先、ふくらはぎ、膝、太ももと順に意識を向けていきます。各部分にどんな感覚があるのかを感じとります。力が入っている感じ、リラックスしている感じ、暖かい感じ、冷たい感じ、微妙な痛み、ジーンとする感じ、何もない感じ。どんな感覚があってもいいですから、その感覚をどうにかしようとせずに、ただ気づいておきます。

右足も同じようにします。

次に、おしり、性器、腰のあたりに意識を向けます。おしりや性器の周辺には様々なエネルギーを感じるかもしれませんし、何も感じない空っぽな感覚を感じる方もいるでしょう。腰のあたりはつまっている感覚や痛み、違和感を感じる方も多いと思います。どんな感覚もそのままにして、気づいておきます。

おなかのあたりに意識を向けます。呼吸をするたびに膨らんだり凹んだりしているお腹の感覚をただ感じてみます。お腹の周囲にあるすべての感覚にただ気づいておきます。

胸のあたりに意識を向けます。胸の中心には様々な感覚を感じる方が多いでしょう。微妙な痛み、チクチクする感覚。その他、胸の周囲にあるすべての感覚にただ気づいておきます。

左腕に意識を向けます。指先、手のひら、手の甲、肘、二の腕。左腕にあるすべての感覚にただ気づいておきます。

右腕も同じようにします。

肩と首のあたりに意識を向けます。このあたりは、力が入っていたり、固まっている感覚を感じる方が多いでしょう。まったく何も感じない方もいるかもしれません。どんな感覚も、何もない感覚も、ただ気づいておきます。

顔から頭にかけて意識を向けます。口、鼻、目、耳、そして、ひたい、後頭部、頭頂部。目の球や、脳みその存在を意識します。目の周り、口の周りには緊張感や違和感を感じる方が多いかもしれません。すべての感覚にただ気づいておきます。

もう一度意識的に深い呼吸をして、全身の感覚を同時に感じます。今自分の身体がここにあるという感覚、ここに存在しているという感覚をただ感じます。存在していることに気づいておきます。

14 死

目覚めのプロセスは死んでいくプロセスです。とはいっても、身体の死ではありません。それは自我の死、エゴの死、私という思い込みの終わりです。自我の視点から見ると恐れや不安を感じることがありますが、目覚めのプロセスの中で感じる恐れや不安はとても大切なものです。

Q　本当に目覚め始めたようです。嬉しいのですが、同時に怖くなるときがあります。私はどうなってしまうのでしょうか。

目覚めるということは心理的に死んでいくこと、生きているうちに死んでいくことです。それまで「これが自分だ」と思い込んでいた思い込みが緩んでいき、自分という感覚がより広大なものに移行していくことです。目覚めのプロセスが始まると、まるで自分が本当に死んでいくかのような不安や恐れを感じることがあります。

そのプロセスをなかなか受け入れられずに抵抗してしまうこともあります。まったく知らない新しい段階に進んでいくよりは、慣れ親しんだ古い環境にしがみつこうとしてしまうのです。

不安や恐れは目覚めのプロセスが本当に深まっていることの表れですから、心配はいりません。できる範囲でいいですから、その不安や恐れを身体の感覚を通してありのまま感じて下さい。不安や恐れを感じることを許して下さい。どんな感覚もやってきては去って行く一時的なものです。すべては一時的なものだとわかってくると、自分という感覚すらやってきては去って行く一時的なものだとわかってきます。やがてあなたはスピリットとしての自分、空間としての自分として落ち着いてきます。小さな私から大きな私へとアイデンティティが移行します。新たな自分として生まれ変わるのです。

Q　悟ったら死の恐怖がなくなりますか。

なくなります。なぜなら、目覚めのプロセスを通過したあなたはもうすでに死んでいるからです。

悟りとは心理的に死ぬことです。

心理的に死ぬというのは、「自分＝この心と身体だけの存在だ」という思い込みが終わり、「自分＝世界全体だ」ということを思い出すことです。周囲の世界から分離して個別の意思を持った私がいるわけではない、ということを思い出すことです。

これは、生きているうちに死ぬことです。自我としての自分が死んで大いなるものとしての自分に生まれ変わることです。ゆえに、目覚めのプロセスは死と再生のプロセスとも言われます。

実のところ、死というのは心理的な死だけしかありません。心理的な死を通過すると、肉体の死は問題ではなくなります。自分の一部が形を変えていくだけだとわかるからです。

ですので、目覚めのプロセス、悟りへの道というのは、おだやかに肉体の死を迎えるための心の準備だとも言えます。人生後半の一番大切な作業なのです。

エクササイズ　死んだふり瞑想

意識的に深い呼吸を何回か繰り返して心身をリラックスさせましょう。少しぼんやりとした意識状態に入ります。

布団やベッドに横になって、もう自分が死んでしまった、と想像してみます。ここに横たわっているのは、思考も感情も何も起こらない、生命活動のない単なる物体だ、と想像してみます。

一本の棒が転がっている、と想像してみます。

そのとき感じる空虚感、空っぽさ、何もなさとともにいて下さい。

15　セックス

性的なエネルギーには多くのストーリーがつきまとい、よくも悪くも感情が揺り動かされることが多いです。ここでも、ストーリーを手放し、身体の中を流れていく大きなエネルギーの流れをありのまま感じ取ることが大切です。

Q　悟りをひらくためには禁欲しないといけないのですか。

その必要はありません。自分の一部を否定することから悟りは得られないからです。

それなのに、セックスに関してだけでなく、様々な欲求を満たすことを禁止することで悟りをひらくという方法があるのは、極限まで心身に無理を強いることで一瞬だけもう一つの次元を垣間見る、つまり一瞥する体験が起こる可能性があるからです。

しかし、その方法で一瞥しても、自分の内側の否定されたエネルギーは消えないので、そのあとに否定されたエネルギーに気づき、受け止め、統合していく必要があります。それをしないままでは、いくら一瞥しても、本当の心の平安は得られません。

Q セックスで目覚められると聞きますが、本当ですか。

性的なエクスタシーは小さな死の体験です。その瞬間、思考が止まり、強固な自我の鎧にヒビが入って、世界の全体性、すべてが一つにつながっているという感覚を一瞬垣間見ます。

また、性の喜びには、はかなさや悲しみがつきものです。身体の心地よさを十分感じること＝身体を深く味わうことは、いつか必ず死んでいく肉体をリアルに感じることだからです。そういう意味でもセックスは死を身近に感じる体験と言えます。そのときに感じる感情やエネルギーの動きをありのまま認めることで、私という感覚を緩めていくことができます。

とは言っても、セックスだけが特に目覚めにとって大切だということではありません。何を通しても目覚めることができます。ただ、性的なエネルギーは現代社会の中ではまだ抑圧されていることが多いので、そこに光を当て、統合していくことは目覚めのプロセスの中で意味のあることです。

セックスのときに身体の内側で動くすべての感覚にできるだけ意識的になって下さい。自分の内側にある動物的な衝動に気づき、その存在を許して、楽しんで下さい。

また、自分が性的なことに関してどんな思い込みを持っているかに気づくことも大切です。憧れ、興奮、恐れ、軽蔑、どんな思いがあっても、それについて判断せずに、そのことについて考えているときの身体の感覚をありのまま味わって下さい。そういう思いを持っている自分をありのまま許して下さい。

16　人間関係

私たちは人と関わるとき、目の前にいるその人が自分の一部だということを忘れて、まるで自分とはまったく別の存在がそこにいるかのように勘違いしてしまいます。

そのため、その人の言葉や振る舞いをきっかけに自分の心が揺れ動いたとき、まるでその人個人が原因でそうなっているかのように感じてしまい、その人に心惹かれたり、その人を憎んだりしてしまいます。

人との関係の中で感じる心の揺れ動きはすべて、分離の幻想を生み出している自己否定に気づかせてくれる大切なメッセージです。

Q　一緒にいるのがどうしても嫌な人がいます。あんな人いなくなればいいのに、と思います。

「あんな人いなくなればいいのに」というのはとても正直ですね。そういった自分の正直な気持ちに気づいていることは大切なことです。

でも、残念ながら、その人はあなた自身なのです。その人がいなくなればいいのに、と感じるということは、自分の大切な一部を嫌っていることの表れです。その嫌いな人があなたの人生に関わってくるのは、あなたに嫌われてしまった自分の一部があなたに愛を求めているのです。

エクササイズ

嫌いな人になってみる

意識的に深い呼吸を何回か繰り返して心身をリラックスさせましょう。少しぼんやりとした意識状態に入ります。

あなたの嫌いな人を思い浮かべて、その人のどんなところが嫌いなのかを考えてみて下さい。

あなたが嫌いなその人の言葉や行動を思い出して下さい。

そうしたら、その人になったつもりになってその人の言葉や行動を真似してみます。まわりに人がいない場所なら、声に出して言ったり、体を動かしてみます。人がいる場所なら、心の中でそれをしている自分をイメージしてみます。

そのとき、自分の内側で動く感情、身体の感覚をありのまま味わって下さい。

Q　人といるときに沈黙になると怖いです。

沈黙はすべてをありのまま受け止めてくれる空間、スペースです。沈黙は愛と言ってもいいでしょう。なので、沈黙になると、心の痛みやそれにともなって抑圧されている感情が意識に浮かんできそうになるのです。そのとき、それを受け止める心の準備ができていないと恐れを感じます。

人といて沈黙になると、人からどう思われるのかを怖く感じていると思いますが、その根源は、自分の痛み、自分の感情に触れることを恐れているのです。

まず、一人でいるときに、心の内側の沈黙、思考のない瞬間に気づくようにして下さい。それと同時に、閉じ込めている感情に気づくワークをやって下さい。

すると、人といるときの沈黙も怖くなくなってきます。本当に必要なことを自信を持って話せるようになります。自分が話しているのではなく、大いなる存在が自分を通して話しているだけだとわかるからです。

Q　友達も家族もいるのに急に一人ぼっちのような感じがして、寂しくなることがあります。

心配いりません。それはあなたの心の扉が開きつつあるとき、成長の次の段階へと進みつつあるときです。

普段は意識していない人も多いですが、誰もが子供の頃に満たされなかった孤独感や寂しさを抱えています。内的な旅が始まると、まずその部分が意識に上ってきます。個人的無意識の領域に気づき、癒していく作業です。

また、集合的無意識の領域からやってくる寂しさもあります。

人間は皆一人で生まれてきて、一人で死んでいきます。どんなに深い愛で結びついたパートナーがいても、死ぬときは誰もが一人です。人間として生きていることそのものに由来する孤独や寂しさがあるのです。

誰もがその寂しさを見ないようにするために、様々な気晴らしに夢中になっていますが、人生のどこかの地点で無意識のふたが開き、自分の本当の姿に気づいていくプロセスが始まります。

そのときに大切なことは、その寂しさに抵抗しないこと、その寂しさがそこにあることを認めること、寂しさを身体の感覚として感じ取ることです。

自分の中の孤独と寂しさをもっとも深い部分まで感じられたとき、すべての人が同じ寂しさを抱えていることに気づきます。根源的な孤独という同じ運命を共有していることに気づきます。その孤独や寂しさも個人的なものではなく宇宙全体に属するものだとわかります。

そのとき、本当の意味で互いを慈しむことができます。愛という言葉の意味がわかるのです。

Q　私には友達といえる人がいません。このまま孤独に死んでいくのではないかと不安になります。

不安な気持ちはよくわかります。でも、人間は誰もが一人で生まれ一人で死んでいきます。どんなに親しい人がいても孤独なのです。

私たちは目覚めるために生きています。親しい友達がいないということは、人生で一番大切な仕事、つまり、目覚めるための作業に使える時間とエネルギーがたくさんあるということです。

まず、今感じている不安を探求の入口にして下さい。ストーリーを外して、つまりあれこれ考えずに、不安な感覚を身体で感じて下さい。どんな否定的な感覚でも、それをありのまま感じることを許したとき、安心感が広がります。そのとき自分を愛しているからです。

その上で、やりたいと感じることを何でもやって下さい。やることを自分に許して下さい。その中で同じことに関心をもつ友人ができるかもしれませんし、同じ探求の道を歩んでいる人と親しくなるかもしれません。

探求の道の途中では、仲間が必要なときもあれば、一人で深めていくことが必要なときもあります。出会いも別れも、必要なときに自然にやってきます。そのプロセスを信頼して下さい。

自分の本当の姿に気づいたとき、全体としての自分を思い出したとき、孤独感は消えていきます。

すべてが私であるという安心感、もともと誰もいないという平安に満たされています。

そのとき初めて、人と真のつながりを持つことができるのです。

Q　結婚しているのに夫（妻）以外の人を好きになってしまいます。この気持ちをどうしていいのかわかりません。

まず、そういう気持ちを持つ自分自身を許して下さい。許すというのは、その気持ちを行動に移すことではありません。誰かに強く心惹かれるとき、そのことについてあれこれ考えずに（ストーリーをつけずに）そのときの身体の感覚とただ一緒にいて下さい。

その惹かれる相手と一緒にいるときのことを想像して、どんな気分になるのかを味わって下さい。どんな気持ちが動くかをただ感じて下さい。

今のあなたに必要なことは、心の奥にずっと閉じ込めてきたその気分、その感覚の存在を認め、自分の一部として取り戻すことです。その相手が必要なわけではなく、自分の内側の気づかなかったそのエネルギーを必要としているのです。

また、特に誰かに強く惹かれる衝動、他者と心も身体も一つになりたいという衝動は、魂を求める衝動、全体性への衝動、悟りへの衝動と同じものです。

そのことに気づき、誰かを求める代わりに、魂そのものを求める道を歩んでいくと、誰かを強く求める感覚が消えていきます。自分の中にすべてがあることを思い出すからです。

もしその人と実際の関係に踏み出したときは、そのことで自分も相手も責めないようにして下さい。

セラピストの立場からは、人生にあまり波風は立てないほうがいいとアドバイスすることが多いですが、そうは言っても、宇宙はときに人知を超えた形で魂の衝動を実現しようとします。

そのときは、それも宇宙の大きな流れの中で自然に起こっているだけなのだ、ということに気づいておいて下さい。そして、できるだけ、その体験の中で感じるすべての感情をありのまま感じることを許して下さい。ありのままの自分を愛して下さい

Q　人が怖いです。

何かが怖いとき、あなたが恐れているのはいつでも自分自身です。自分の本当の姿に気づくことを恐れています。

人が怖い、水が怖い、狭い場所が怖い、広い場所が怖い、闇が怖い。すべての恐怖症は自分の内側の何かを恐れていることの表れです。自分の本当の気持ち、本当の感情を恐れているのです。

人が怖いとき、その相手には何の問題もありません。そもそも、その人が実体として存在しているわけではありません。自分の内側の何かを恐れている、その恐怖感をその人に投影して見ているだけです。

まず、あなたが感じているその恐れ、その恐怖感からストーリーを外して、つまり、そのことについてあれこれ考えないようにして、身体の感覚として感じてみましょう。恐れを感じている自分を許してみましょう。

怖いその人に対して（もしかしたら世界全体に対して）本当は何を感じているのかを意識してみましょう。その人に怒りを感じているのかもしれません。その人に認めてほしいと思っているのかもしれません。ほっといてほしいと思っているのかもしれません。

心の奥にある怒りや悲しみに気づき、必要ならばジベリッシュ瞑想などの感情解放のワークを行なって下さい。

自分の本当の気持ちをありのまま認められたとき、相手の存在もありのまま認められます。そのとき、人に対する恐れは消えていきます。

そして、自分の本当の気持ちを認められるようになると、もっと深い自分の姿に気づき始めます。大いなるものとしての自分に気づき始めます。そのとき、すべての恐れは、死の恐れ、目覚めることの恐れにつながっていることに気づきます。

このことはこの後、様々な形でお話ししていきます。

Q　みんな自分だとわかったら恋愛はできなくなるのではないですか。

互いに激しく求め合うような恋愛はできなくなりますし、そもそも必要なくなります。そういった恋愛関係は真の愛ではなく、傷ついた心を無意識に癒そうとする依存的な衝動です。子供の頃に得られなかった親からの愛情を相手に求めているだけで、本当の相手の姿は見えていません。そのため、親しくなって相手も自分と同じように傷ついた部分を持っているただの人間なのだ、とわかってくると、すぐに気持ちが冷めてしまうのです。

とはいっても、普通の恋愛関係が無意味なものというわけではありません。互いに心惹かれ合うということは、その相手を通して自分の内側の見えていない部分、癒されていない痛みを投影し合っているのですから、そのことに気づきながら、その相手を通して自分の痛みに気づき、癒していくことができます。

みんな自分なのだということを一瞥しても、真の癒しと目覚めのプロセスはそこから始まります。お互いに相手が自分の一部だとわかっている恋愛関係は、互いを癒し合い、互いの目覚めを促進する素晴らしい関係になる可能性があります。

Q　私はみんなが自分だとわかり始めたのにパートナーは全然わからないようです。別れるしかないのでしょうか。

パートナーの一方だけが目覚めのプロセスを歩み始めると、お互いが一時的に辛くなることがあります。親密な人間関係は同じストーリーを信じることで成り立っていますから、一人がストーリーから抜け出し始めると、お互いに居心地が悪くなってくるのです。

そんなときは、辛いと思いますが、先に目覚め始めたあなたのほうがより意識的になって、関係の中で起こるすべての感情をありのまま認め、感じ取る作業を行なって下さい。あなたがあなた自身をありのまま愛し始めると、相手も自分の内面に触れざるを得なくなってきます。

そのとき、もし相手に準備ができていれば、相手も自分をありのまま見て癒す作業を始めるでしょう。そのとき、あなたはあなた自身の経験も踏まえて相手のプロセスを深くサポートすることができます。

相手の準備ができていないときは仕方ありません。そのときにその相手との関係の中で感じる感情をありのまま感じることを許して下さい。いつか相手が変わり始めるかもしれませんし、自然と関係が終わっていくかもしれません。何が起こっても、そのとき一番ふさわしいことが起こっていることを思い出して下さい。

Q　人とうまくやっていくにはどうしたらいいですか。

自分と世界の本質を思い出すことです。

あなたが経験するすべてのことはあなたを目覚めさせようとして宇宙から送られてくるメッセージです。人間関係は特に強烈なメッセージを送ってくることが多いです。

人間関係の中で体験するすべての感情は、幸福や喜びや楽しさだけでなく、怒りや寂しさや恐れであっても、それを十分体験しつくす必要があるので、宇宙がその人を通してその感情をあなたに経験させようとしているのだ、ということを思い出して下さい。

他者のように見えるその人は、本当はスピリットそのものであって、その人が自分の意思で行動しているわけではないのだ、ということを思い出して下さい。

その人も、あなたも、互いに世界の本質を忘れてしまっているけれど、それを思い出そうとして奮闘している神そのものなのだということを思い出して下さい。

すると、現象世界での人間関係は自然とうまくいくようになります。

17　インナーチャイルドを癒す

ほとんどの人は子供の頃に十分満たされなかった愛情欲求を大人になっても抱えたままになっています。その痛みの周囲でエネルギーが収縮し、その収縮感、緊張感が分離を生み出します。個別の私がいるという感覚を生み出します。

満たされないままになっている子供の頃の気持ちに気づき癒していく必要があります。それが、目覚めること、悟ること、自分の本当の姿に気づくことへの第一歩です。

Q　インナーチャイルドの癒しとかアダルトチルドレンという言葉を聞くと、まるで親の育て方が悪かったのだと、親を責めているような感じがして気が引けるのですが。

そう感じるということは、あなたは心の奥で親を責めているのだと思います。親に対して怒りを感じているのです。

自分が適切に扱われていないときに怒りを感じるのは人間として自然なことです。怒りを表現してもそれを受け止めてくれる親であれば問題ありませんが、多くの親は自分自身も怒りを抑圧しているので、子供の怒りをありのまま受け止めることができません。すると、子供は自分の怒りはなかったことにして心の奥に閉じ込めてしまいます。

また「子供は親に感謝しなくてはいけない」「親は大切にするものだ」という集合的な思い込みがあるため、親に対して自分が感じている本当の気持ちを意識することが難しくなっています。

意識されないままになっている感情は心の奥に閉じ込められて、人生に様々な悪影響を与えてしまうので、その感情に光を当てていく必要があります。

親に対する怒りに気づくことは親を否定することではありません。あなたが自分自身を愛することです。

前にもお話ししたように、怒りを感じるということは、それを相手に向かって表現することではありません。また、相手が悪いと考えることでもありません。ただ、自分の内側にあって気づかれていない感情のエネルギーをありのまま感じ取ることです。

親に対して抱えている大きな怒りのエネルギーをありのまま感じ、認めていくと、その怒りもまた自分個人のものではないことがわかってきます。

すると、あなたの親もまた同じようにその親に対する怒りを抱えているのだ、ということに気づきます。自分の怒りをありのまま許せると、親の怒りも許せるのです。自分を愛せるようになると、親をも愛せるようになるのです。

そして、ほとんどの人が同じ感情を抱えていることもわかってきます。そのときあなたは人類全体に共通する集合的な怒りを癒しています。自分をもっとも深い部分まで癒すことは、世界全体を癒すことになるのです。

やがて、「親」や「子供」という区別も一つのストーリーにすぎないことがわかります。親と自分が別の存在ではないことを思い出すのです。

Q　世界全体に対して怒りを感じることがあります。無差別殺人をする犯罪者の気持ちがわかる感じがします。私はどこかおかしいのでしょうか。

小さな子供は親や親に代わる養育者がいないと生きていけません。つまり小さな子供にとって親は世界全体なので、親からありのまま認めてもらえなかった、親から愛されなかったという感覚は、世界全体から否定されたかのような感覚につながります。ですので、世界全体に対して怒りを感じてしまうのはおかしなことではありません。そう感じる自分自身を許して下さい。

もちろん、その怒りをそのまま外の世界に向かって表現してはいけません。人にぶつけないような形でそのエネルギーを十分解放し、次に、身体の感覚として味わって下さい。激しいエネルギーほど、それをありのまま感じることができると、大きな変容のきっかけになります。

Q 「私はいない」のに私を癒す必要があるのですか。

「私はいない」というのは、普段私だと思っているものの中になんら個人的なものはない、ということです。すべてがわかちがたく一つにつながっている、ということです。すべての存在は相互に依存しあっている、ということです。

「私はいない」が本当にわかり始めると、心の奥深くの集合的無意識の内容が意識の表面に浮上してきます。そのときに自我の視点、小さな自分の視点から見ると驚いたり不安を感じたりするような体験が起こることがあります。自我が大きく揺さぶられる体験が起こるのです。

そのときに自我の感覚がしっかりしていないと、そのプロセスを受け止めて通過していくのが難しくなります。

「私はいない」がわかる前に、(仮の)私という感覚を形作っておく必要があります。通常あなたが「私」と感じている感覚は、その「私」を手放して行くために必要な仮の足場のようなものなのです。

18　瞑想

瞑想とは本来「する」ものではなくて、自然に起こるものです。瞑想をする誰かがいるわけではない、とわかったとき、瞑想が自然に起こっています。

一般的に瞑想法と言われているものは、その状態が起こりやすくするための準備です。

Q　瞑想をやってみたいのですが、瞑想法がたくさんありすぎて何をやっていいのかわかりません。

瞑想法は大きくわけると2種類あります。「対象に意識を向ける方法」と「主体に気づく方法」です。

また「対象に意識を向ける方法」は、「一点に集中する方法」と「全体に平等に意識を向ける方法」がありますので、ほとんどの瞑想法は三つのカテゴリーに入ります。

Ⅰ　対象に意識を向ける方法

① 一点に集中する方法
② 全体に平等に意識を向ける方法
Ⅱ 主体に気づく方法

どれも思考のおしゃべりを静めて、思考に覆い隠されて見えなくなっている内なる沈黙、存在の本質に気づきやすくするための練習です。

まず最初のⅠを簡単に説明します。

「対象に意識を向ける」というのは、目に見えるものや音、身体の感覚や思考、感情などの、外側の対象物に意識を向ける方法です。

その中でも①「一点に集中する」というのは、例えば、ローソクの炎を見続ける、呼吸を数える、などのように、一つのことに意識を集中し続ける方法です。何かに意識を集中すると思考が勝手に流れなくなり、思考がない状態を意識しやすくなります。

この方法は瞑想の初心者向けです。初めての方はこの方法の中から自分に合うものを選んでやってみるといいでしょう。

「対象に意識を向ける」方法の②「全体に平等に意識を向ける方法」は、一つの何かに集中するのではなくて、今あなたの意識の中で起こっているすべてのもの、視覚、聴覚、味覚、触覚、すべての感覚に同時にかつ平等に意識を向ける方法です。

この方法は思考の隙間に少しずつ気づき始めた中級者向けです。

次にⅡの「主体に気づく」というのは、思考や感情などの対象物ではなく、それらに気づいている主体、思考に気づいている私、感情に気づいている私を意識しておく方法です。これは気づきそのものに気づく、意識そのものを意識する、という言葉で表現されることもあります。最初にお伝えした「沈黙を意識する」もこれと同じです。

この感覚がわかる方はこれ以外の瞑想法は必要ありません。日常生活の中で、何をやっているときにもこの感覚を意識しておいて下さい。

まず、いろんな瞑想法を試してみて、自分に合っていると感じるもの、ピンとくる感覚があるものを集中的にやって下さい。

どんな瞑想法をやっていいのかわからないときは、この後にご紹介する「インナーボディを感じる瞑想」をお勧めします。

これらの他に、瞑想が自然に起こりやすくするため（沈黙が自然と深まりやすくするため）の感情解放のワークなどを瞑想法と呼ぶこともあります。

どの瞑想法を試してみてもうまくいかないと感じる方は感情解放のワークが必要です。まず「感情を声に出して言ってみる」（P29）や「ジベリッシュ瞑想」（P73）をやってみて下さい。

エクササイズ

インナーボディの瞑想（対象に意識を向ける瞑想法）

インナーボディとは身体の内側のエネルギーの感覚です。本来は感じることのできない存在の本質、スピリットが身体感覚として表れているものです。この瞑想法は先に説明した瞑想法のうち、身体の感覚という対象に意識を向ける方法ですが、同時に存在の本質を直接体験することにもなるため、皆さんにお勧めしています。

横になっても座っていてもいいですので、意識的に深い呼吸を何回か繰り返して心身をリラックスさせましょう。少しぼんやりとした意識状態に入ります。

この瞑想は、最初は目を閉じて行ったほうが感覚を感じやすいので、次の文章を誰かに読んでもらうか、自分で読んだものを録音して聞きながらやって下さい。慣れてくると目を開けたままでもできるようになります。

まず、両手の先を意識します。両手の先にジーンとするような、チリチリとするような微妙な感覚があることを感じられるでしょうか。楽な呼吸をしながら、ただその感覚に気づいておきます。

次に、両手の先のその感覚を意識したまま、身体の他の部分にある同じような感覚を見つけ、両手の先と同時に意識しておきます。

今度は、そのジーンとする感覚を全身で感じます。全身で感じるのが難しいときは、想像してみるだけでもいいです。身体全体が一つのエネルギーフィールドになって微妙に振動しているのを感じて下さい。

最後に、このジーンとする感覚が身体の表面を超えて、宇宙全体にまで広がっていくのをイメージして下さい。

この世界のすべてのものにこのエネルギーが浸透しています。この世界のすべてのものはこのエネルギーによって作られています。このエネルギーが自分であることを意識してみます。

しばらくの間このジーンとする感覚をただ味わっておきます。

ジーンとする感覚を意識したまま、ゆっくりと目を開けます。目を開けてもジーンとする感覚を忘れないようにしておきましょう。

日常生活の中でもこのジーンとする感覚、インナーボディの感覚をできるだけいつも意識して下さい。最初のうちはすぐに忘れてしまいますが、それでもかまいません。一回は短い時間でもいいので、一日の中で何度も思い出すようにして下さい。それだけで人生の質が深い部分から変わっていきます。

エクササイズ

私とは何かの瞑想（主体に意識を向ける瞑想法）

意識的に深い呼吸を何回か繰り返して心身をリラックスさせましょう。少しぼんやりとした意識状態に入ります。

今聞こえている音に意識を向けて下さい。人の話し声、車の走る音、エアコンのうなる音、など。今あなたが音を聞いているのですから、その音はあなたではありません。あなたはその音を聞いている存在です。

次に、今見えているものに意識を向けて下さい。あなたが読んでいるこの本をよく見てみます。今あなたがこの本を見ているのですから、この本はあなたではありません。あなたはこの本を見ている存在です。

もっとあなた自身に近づいてみます。

この本を持っている手を見て下さい。そこに手があることを感じて下さい。今そこでこの本を読んでいるあなたの身体の感覚を感じて下さい。今あなたがこの身体を見て感じているのですから、あなたは身体ではありません。あなたはこの身体を感じている存在です。

今あなたの心の中ではいろんな考えが流れているでしょう。「なんだかよくわからなくなってきたぞ」とか「これは何をやっているのだろう」など。今あなたは心の中に様々な思考が流れていることに気づいています。あなたがその思考に気づいているのですから、その思考はあなたではありません。あなたはその思考に気づいている存在です。

今はあまり感情は感じていないかもしれませんが、感情も思考と同じです。あなたの心の中には様々な感情が起こります。嬉しいとき、悲しいとき、怒りを感じるとき。あなたがその感情に気づいているのですから、あなたはその感情ではありません。あなたはその感情に気づいている存在です。

その「すべてに気づいている自分」を意識してみましょう。「すべてに気づいている自分」として存在してみます。

Q　瞑想を始めたのですが、心が静まるのかと思っていたら、頭の中がますますうるさくなってきました。やり方が間違っているのでしょうか。

大丈夫です。間違っていません。それはあなたの瞑想がうまくいっているからです。瞑想をしたから頭の中がうるさくなったのではなくて、これまで気づいていなかったうるささに、瞑想をしたおかげで気づくようになっただけです。

つまり、思考と完全に同一化していた（思考を自分自身だと思っていた）状態から少し離れて思考を見る視点が生まれてきたということなのです。これはとても大切な体験です。

心を静めよう、考えないようにしようとする必要はありません。ただ、思考が流れて行くことに気づいておきましょう。頭の中のうるささに気づいておきましょう。青空に雲が流れて行くのを見るように、ただ思考を眺めておきましょう。

すると思考は自然と静まってきます。雲の隙間から見える青空が広がっていきます。

19　宗教

宗教とは、本来は人々を真実の目覚めへと導く体系でした。世界の全体性を思い出す手助けをするものでした。

しかし、いつのまにかほとんどの「宗教」と呼ばれるものは、何かを信じれば救われる、信じればよいことがある、という形に変わっています。とはいえ、それもまた意味のあることです。

宗教も一つのストーリーにすぎませんから、それをうまく利用しながら目覚めのプロセスを深めていくといいでしょう。

Q　ある宗教を信じています。そこでは信者を増やすことやお金のことばかり言われて辛いです。宗教は人を幸せにするものではないのでしょうか。

セラピーの仕事をしていると、宗教に関係する悩みを伺うことがよくあります。本来宗教は人を幸せにするもののはずなのに、それによって苦しんでしまうのはどうしてなのでしょうか。

もともと、宗教とは人が夢から覚めることをサポートする体系でした。自分の本当の姿、世界の全体性に気づくことで、人が本当の意味での幸せを実感することを手助けするのが宗教だったのです。

どんな宗教も、それを最初に始めた人は、自らの内に世界の本質、世界の全体性を認識し、人々が幸せになるためにその真実を伝えようとしていたはずです。しかし、その創始者のまわりに信奉者が集まり、団体になっていくと、今度はその団体を維持していくことが目的となってしまうことがよくあります。

また、世界の全体性はその性質上、言葉では直接表現できないので、それを思い出した人は様々な比喩的表現を使ってそれを伝えようとします。すると、同じ本質を理解した人でも語る言葉がそれぞれ違うので、本来は同じことを伝えようとしている様々な宗教が、言葉だけを聞くとまるで違うものについて語っているかのように見えてしまうのです。そのため、本質を理解していない状態で言葉だけを信じてしまうと、どの宗教が正しいのか、という不毛な争いに陥ってしまいます。

今「宗教」と呼ばれるものの多くは、その本来の役割を見失っています。とはいえ、だからといって宗教は必要ないもの、というわけでもありません。

まず、人間には所属欲があります。何かに所属していることで安心感を感じることができます。多くの宗教は善良な信者たちによって運営されていますから、家庭での暖かさを感じられなかった人にとっては心の拠り所となる可能性があります。そのことをわかりながら特定の宗教に所属するのは意味があることでしょう。

また、宗教には様々な神話があります。この世界はどうしてできたのか、人はなぜ生きているのか、など、人間にはわからない問題についての回答を与えてくれます。

エゴはわからないことが不安です。そんなとき、宗教が与えてくれる答えを信じることができれば、一時的にせよ安心することができます。宗教には人が生きていく上での不安を小さくする役割もあるのです。


でも、今あなたはその宗教に属する多くの人がいる意識状態を超えて成長しようとしています。その宗教が提供している心の拠り所、一時的な安心感を超えて、さらに意識の深みを探求しようとしているのです。

すると一時的に不安や恐れがやってきます。自我の死のプロセス、目覚めのプロセスの中で体験するものと同じです。その不安や恐れもありのまま感じ取ること。それを感じている自分を許すこと。やがて自分の内側に本当の理解が起こり、特定の宗教は必要なくなります。宗教が本来伝えようとしていることを自分自身で思い出すのです。

どの宗教の教えや世界創造の神話も、すべてが単なるストーリー、一つの説明でしかないことがわかります。聖書やブッダの言葉が語っていることが真の目覚めへの道を比喩的に表現しているだけなのだ、ということがわかります。

わかった上で、特定の宗教の中にいて、苦しんでいる人をサポートすることもできますし、そこを離れて自分でプロセスを深めていくこともできます。

真の宗教は自分の中にあるのです。

Q　自分がやりたいことをやるのはカルマを増やすのではないかと心配です。よいことだけをやるようにしないといけないのでしょうか。

カルマあるいは罪と呼ばれているものは、多くの場合、悪いことをするとその罰を受ける、という意味で捉えられていますが、それは本来の意味とは違います。

そもそも、何かをしたりしなかったりする私がいると思い込んでいること、つまり、分離の夢に閉じ込められていることそのものがカルマであり罪なのです。

あなたが何かをしたくなるのは、自分から無意識に切り離してしまったエネルギーをもう一度感じ取り、統合するためにその体験が必要だからです。その体験を通して投影を引き戻し、自分自身に取り戻す必要があるからです。

つまり、何かをしたくなるのは、その経験が目覚めのプロセスにとって必要だからです。

本当の自分とは何かがわかり、ストーリーの世界から抜け出したとき、あなたは世界を「よい」とか「悪い」といった分離の視点から見なくなっています。ありのままの世界には善も悪もないことがわかっているのです。

Q　神は本当にいるのでしょうか。神を信じれば救われると言われるのですが、どうしても信じられません。

悪いことをしたら罰を与えられる存在としての神は、内面の権威的な力を外の世界に投影したものです。宗教の組織の中では、信者を恐れでコントロールするために使われることがあります。そのストーリーを信じる必要はありません。

また、通常、私たちが「神」という言葉で思い浮かべる人格をともなった様々なイメージ（白いあごひげをはやした老人、美しい女神など）は自分の内側にある大いなる力、スピリットのパワーを投影したものです。

自分を守ってくれる大いなる力としての神は、そのストーリーを信じることで生きることが楽になることもありますので、そのときは神というストーリーを上手に利用することも必要です。

例えば、「神はいつでもあなたを愛しています」というような言葉は、あなた自身が神であることを比喩的に表現しているだけで、目覚めのプロセスが深まってくると、それも一つのストーリーにすぎないことがわかってきます。

本来、神という言葉は、この世界を作っているたった一つのエネルギーを表現した言葉で、スピリット、大いなるもの、意識、存在などと呼ばれるものと同じものです。つまり、すべてが神であり、あなたも私も神なのです。

そのことを思い出すと、どんなストーリーも単なる一つのストーリーであって、それを信じなくても安心していられるようになります。

信じることで救われるのではなく、信じる必要がなくなったときに救われるのです。

第2部　プロセス編

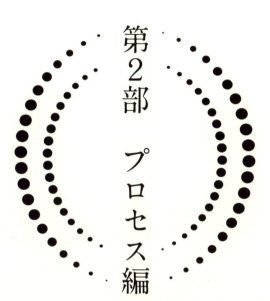

1　変化のとき

探求は自分というアイデンティティの揺らぎから始まります。それまで無意識のうちに思い込んでいた「自分とはこんなもの」「世界とはこんなもの」というストーリーが緩み始めるのです。

Q　これまでこだわりを持ってやっていたことにだんだん興味がなくなってきました。これからどうやって生きていったらいいのか迷っています。

「こだわり」というのは不思議なものです。何かにこだわること、何かでなければいけないと強く思うことは、この世界の中で大きな結果を残す原動力になることもあるし、同じこだわりを持っている人、つまり同じストーリーを信じている人と強くつながっている感覚を感じられて、人生に生き生きとした感覚を与えてくれます。

一方で、何かでなければいけないと強く思うことは、その反対の何かを否定していることでもあります。世界の一部を否定しているということは自分の一部を否定していること、つまり自己否定です。否定された自分の一部は人生の問題（事故、病気、人間関係のトラブルなど）となって自分に向かってきます。自己否定は苦しみを生むのです。

自分の中の何かを否定しているとき、自分の中にまだ癒されていない痛みがあります。こだわりを持つのは、それを見ないようにするための自我の巧妙な戦略なのです。

癒しと目覚めの道は、このこだわり＝自己否定に気づき、それを手放していく道です。とはいえ、誰もが今すぐこだわりを手放す必要があるわけではありません。自我を確立し自分の人生を切り開いていく段階にいる人は、自分のこだわりを大切にして、自分という足場を世界の中に形作っていく必要があります。その段階にいる人が急にこだわりを手放してしまうと、世界の中にいるための足場をなくしてしまうような、足元がおぼつかないような感覚になり、現実生活が難しくなる場合もあります。

でも、あなたはそのこだわりこそが自分を制限し苦しめているのだ、ということに気づき始めています。

こだわりが単なるこだわり、単なるストーリーでしかない、ということに気づいておきましょう。気づき始めると、自分という感覚が揺らぐ感じ、ある種のむなしさを感じます。でも、それは人生の中でとても大切な段階に入りつつある証しです。

揺らぐ感覚、むなしい感覚を大切にして下さい。その感覚をありのままにしておいて下さい。そして何が起こるかをただ見て下さい。

すべてのことを起こるままにして下さい。

こだわりがなくても、こだわっている自分という感覚そのものが揺らいでも、この世界はいつでももっとも適切な姿になっているのだ、ということがわかってきます。

そもそもの最初から、私たちはどこにも向かっていないし、何の目標もありません。今あるこの世界がそのままスピリットの表現なのです。

Q　仕事をやめて探求だけに集中したくなるのですが、どうしたらいいでしょうか。

できれば、今すぐに仕事をやめるのではなく、まず仕事との関係を見直してみてはどうでしょうか。内面で大きな変化が起こっているときに、急いで外側の環境を変えることはあまりお勧めしません。

あなたが今その仕事をしているのは、その仕事の中で感じる感覚を感じ取る必要があるからです。あなたの中のまだ光が当たっていない部分、心の奥に閉じ込められている部分がその仕事を通して引き出されるからです。

そのプロセスを十分体験しないままスピリチュアルな探求だけに集中しても、閉じ込めている部分を避け続けることになる可能性があります。

また、たとえ真実に目覚めたとしても、その真実を生きていくのはこの現象世界での日々の生活しかありません。なので、真実の気づきを日常に統合していくという意味でも、仕事を辞めて完全に自由になるより、やるべき日常の生活があるほうが、探求が深まりやすいのです。

一方で、探求のプロセスが急激に深まっていくときには、一時的に日常生活を離れる必要があるときもあります。自分がどう考えようと、自然と今いる場所から引き離されることもあるでしょう。そんなときは、起こることに抵抗しないことが一番大切です。

どんなときにも一番必要なことが起こっているのだ、ということを忘れないで下さい。いつでもそのままで大丈夫なのです。

Q　この歳（50歳）になるまで真面目に生きてきたつもりです。家庭にも仕事にも恵まれて何の問題もありません。それなのに、本当にこれでよかったのか、人生これだけなのか、そんなことを考えてしまうことがあります。私は贅沢なのでしょうか。

そう感じることは贅沢でもないし、おかしなことでもありません。人生の後半に入る頃に同じように感じる方は多いです。それは「中年の危機」と呼ばれることもある、人生の最終段階、人間意識から神意識へ移行する段階への大切な入口です。

人生の前半、私たちは幼児期、思春期を通過し、自分でこの世界を生きて行く力をつけていきます。家庭を持ち、社会の中での居場所を確保し、物質的に豊かになっていくことで、ある程度の幸せを感じることもあるでしょう。

しかし、この物質的なものから得られる幸せは人生の半分でしかありません。人生の後半は、その前半には気づくことすらなかった人生のもう半分を探求し、自分のアイデンティティに統合していくことが必要な時期なのです。

離婚、退職、子離れ、病気などの喪失体験をきっかけにこの探求に入る人も多いでしょう。そういった大きな出来事がなくても、日常生活に小さなヒビが入っていくような感覚とともに探求が始まることもあります。この探求についての情報はまだ少ないので、プロセスが始まると、こんなことを考える自分が変なのではないかと考えがちなのです。

あなたが「真面目に」生きてきたと考えるときの、その「真面目さ」によって切り離されてきた自分のもう一つの側面を大切にして下さい。それをすぐに直接表現する必要はありませんが、自分の中に自分が思いもしなかった側面があることを感じてみて下さい。

今あなたに起こっていることはとても大切なことです。この探求の道を意識的に歩んでいくと、肉体を持ってこの世界に生まれてきた意味がわかります。人生が完結していく感覚が感じられます。いつも変わらぬ平安があることに気づくのです。

一瞥体験は一つの体験にしかすぎず、やってきては去って行くものです。それにあまりこだわりすぎないことが大切です。

2　一瞥体験

Q　一瞥体験をしました。深い安心感を感じ、これで私は悟った、と思ったのですが、しばらくするとまた不安や恐れがやってきました。これは悟りではないのでしょうか。

一瞥体験とはその名の通り、悟りの状態を一瞬垣間見るということです。集中的な瞑想や感情解放のワークなどを行えば一瞥を経験することはそれほど難しいことではありません。しかし、真の解放のプロセスはそこから始まって、人間として生きている限り深まり続けていくものです。

もしそんな体験が起こったときには、そのときの感覚を味わって楽しんで下さい。それが消えていったとしても、その体験にこだわる必要はありません。

一瞥体験というのは、普段思考の世界に閉じ込められている私たちが、一瞬だけ思考から離れた状態を垣間見ることです。実は多くの人が自分でも気づかないうちに同じような体験をしています。

そういった体験をすることで、今生きているこの世界だけが世界のすべてではないのだ、という実感を得られて心が楽になることがある一方で、その体験自体はすぐに終わってしまうので、どうしたらまたあの体験ができるだろうと考え、焦ってしまうことがあります。

また、一瞥体験をして、本当の自分はもっと広大なものなのだ、この世界のすべてはスピリットそのものなのだ、ということを実感して初めて、それまで受け止めることのできなかった深い心の痛みが浮上してくることがあります。その痛みを受け止めるスペースが生まれるからです。ですので、一瞥体験のあと、一時的に前よりも苦しみが大きくなったように感じることもあります。

でも、心配はいりません。それはあなたのもっとも深い部分が癒され始めていることの表れです。どんな感情が出てきても、今それを感じて癒していく必要があるから出てきているのだ、ということを忘れないようにして下さい。自然に湧き出してくる感情を身体の感覚を通して感じ取って下さい。

やがて、どんな感情もやってきては去って行くだけのエネルギーにすぎず、なんら個人的なものではないことがわかってきます。一瞥体験を含めたすべての体験が、やってきては去って行くだけのはかないものだとわかってきます。本当の自分とはそれらすべてを包み込む空間、スペースだとわかってきます。

そのとき、何が起こっても変わらぬ安心感があることに気づきます。

Q　私には一瞥体験のような経験はありません。このままでは悟れないのではないかと焦っています。

悟りをひらくために、心の平安を得るために、必ずしも大きな一瞥体験が必要なわけではありません。

衝撃を受けるような大きな一瞥体験が起こるのは、それまであまりにも強く自分自身を抑圧し、生きるエネルギーにふたをしていたからです。そのエネルギーが急に流れ出したときに、その反動で一瞥体験と言われるような体験が起こるだけなのです。

真の目覚めのプロセス、悟りのプロセスは、もっとゆっくり穏やかな体験としてやってきます。スピリットが自分の全存在に染み込んでいくような感覚、光が細胞の一つひとつにまで浸透していくような感覚。

セラピーを通して多くの方と話をした印象でも、大部分の人は大きな一瞥体験を持たないまま、自分でもはっきりと意識しないまま、少しずつ変容し、私という夢、分離の夢から抜け出し始めています。

ですので、一瞥体験がないということをあまり気にしないで下さい。そのことが気になって焦る感じがするとしたら、その焦る感覚をありのまま感じ取って下さい。焦っている自分を許して下さい。

3　目覚めのプロセスで起こること

目覚めのプロセスが深まっていくと、それまで日常生活では体験したことのないような体験が起こることがあります。どんな体験も、その中で感じる感覚を味わい、本当の自分の一部として認めていく必要があるからこそ起こっているのです。何が起こっても大丈夫ですから、できるだけそのときの感覚をありのまま感じることを心がけて下さい。

Q　急に身体のあちこちに不調を感じるようになって心配です。

なんらかの症状がある場合はまずは医師の診断を仰ぐようにして下さい。

その上で、原因がはっきりしない不調がある場合は、目覚めのプロセスの途中で起こる好転反応である可能性が高いです。その場合は、自分に起こることをあまり気にしないことが大切です。

目覚めのプロセスはエネルギーの収縮が緩んでくるプロセス、心身の緊張が緩んでくるプロセスです。緊張が緩むことで私という感覚そのものが緩んでいきます。

がっちりと緊張しているときは緊張していることに気づいていません。私という思い込みの中に完全に閉じ込められているときにはそのことに気づいていないのと同じです。

緊張が緩み始めると、その緊張感を急に意識し始めるようになります。今までは緊張なんかなかったのに急に緊張し始めた、と感じることがあるのです。それは、気づいていなかった緊張に気づき始めただけで、瞑想を始めたら頭の中がうるさくなった、と感じるのと同じです。

そのときはまだ固まろうとするエネルギーと緩もうとするエネルギーが拮抗していますから、そこに痛みや不快感が生まれることがあります。これが目覚めのプロセスの途中で体験する身体的な不調となって表れるのです。

でも、その不調が表れるようになったのは、それを受け止めるだけのスペースが生まれてきたからです。そのスペースで身体の不調を包み込んで下さい。そのとき感じるすべての感覚をありのまま感じることを許して下さい。

しばらくの間はその緊張の中に閉じ込められていた様々な感情のエネルギーが意識に上ってきて辛くなる時期がありますが、それもやがて通過していきます。自分＝スペースなのだ、自分＝すべてなのだ、という感覚に落ち着いていられるようになってきます。

Q　悟れば病気は治るのでしょうか。

病気は全体から切り離された自分の一部が愛を求めて声を上げているものです。閉じ込められた自分の感情が心身のレベルで表れているものが病気です。

ですから、病気や症状は悪いものではありません。閉じ込められていたエネルギーが病気という形で表現されることで、あなたの存在全体がかろうじてバランスを保っているのです。病気という形で表現されなかったら、もっと人生を揺るがすような形であなたに襲いかかる可能性もあります。

今は病気という形でしか表現できないあなたの大切な一部の存在を意識して下さい。痛みやその他の身体感覚があるときは、その感覚をよく味わって下さい。症状があるときの心の動き、感情の動きをありのまま感じ取って下さい。

自分から切り離していたエネルギーを自分の一部だと認められたとき、病気という形で表現される必要がなくなります。

とはいえ、真実を一瞥したとしても、目覚めのプロセスは生きている間はずっと深まり続けるものですし、現実的にはすべての病気が治るわけではないことも確かです。それに、病気が治ったとしても、いつか必ず死ぬという現実は変わりません。

私も、若い頃から苦しんでいた吃音や数年前に一時ひどくなった腰痛、最近では耳の不調など心身のトラブルをいくつも抱えています。目覚めと癒しのプロセスが深まるにつれずいぶん軽くなった症状もありますが、すべてが完全になくなることはないような気がしています。

真の癒し、本当の治癒とは、病気がなくなってしまうことではなく、病気も宇宙の自然の一部であって、なんら私個人のものではない、とわかることです。病気も、それを抱えている自分も、やってきては去って行くはかないもの、一時的なものだとわかることです。自分が悪いから病気になっているわけではなく、ただ宇宙の大きな流れの中で、この心と身体に何らかの変化が起こっているだけなのだとわかることです。

そのとき、病気があってもそれほど気にならなくなり、自分の大切な一部としてうまく付き合っていけるようになるのです。

Q　感情の浄化も進み、真実がわかってきたと思っていたのに、家族や友人が急に困ったふるまいをするようになりました。やっと楽になってきたのにどうしてこんなことが起こるのでしょうか。

心身に好転反応が起こるのと同じように人間関係の中でも好転反応が起こることがあります。

あなたが癒されてくるとあなたの心の中に沈黙が広がってきます。あなたの内側にすべてをありのまま受け止めるスペースが広がってくるのです。

すると、あなたの周囲の人たちはそのことを無意識に感じ取って、それまで心の奥に閉じ込めていた感情をあなたに向けて表現してきます。自分では受け止めきれないその感情を、今のあなたなら受け止めてくれると無意識に感じ取ってあなたにぶつけてくるのです。

その行為はその人が自分の痛みを癒そうとする無意識の叫びなのだ、ということに気づいておいて下さい。

そして、もしできることなら、その人の痛みをあなた自身の痛みだと思ってありのまま感じ取って下さい。その人との関係の中で感じるすべての感情をありのまま感じることを許して下さい。

そうして、あなたが自分のありのままを愛することができると、その人も自分が愛されていると感じ、落ち着いてくるでしょう。

もちろん、あなたが受け止めきれないような行動をするときには、毅然とした態度を取ることも必要です。でも、そのときですら、あなた自身が自分のありのままの感情を感じることが大切です。

あなたがあなた自身を愛するとき、あなたの周囲の人も自分を愛することができるようになるのです。

Q　悪夢を見ることがあります。悪いことが起こるのではないかと心配です。

心配いりません。すべての夢には意味があります。悪い夢というのはありません。

私たちは自分で受け入れられないと感じる様々な感情や思いを知らないうちに心の奥に閉じこめてふたをしています。そうすることで自分の中に分離を作り、それが外の世界に投影されて、本来はすべてが一つにつながっているこの世界の中に、私対あなた、よい対悪い、といった分離の夢を生み出します。

閉じ込められているエネルギーの多くは、怒りや悲しみ、嫉妬や狂気など、いわゆる「否定的な」エネルギーなので、それが自分の内側にある、ということをなかなか認められません。閉じ込められているそのエネルギーがあまりにも大きくなってしまうと、病気や事故、人間関係のトラブルといった形で外の世界に表れるようになってしまいます。

その閉じ込められたエネルギーを無意識のうちに解放して、自分の存在全体がバランスを取ろうとしている働きが悪夢なのです。ですから、怖い夢を見るのは、ある意味ではとてもいいことなのです。

悪夢を見るとそれが現実になるのではないか、と心配する人もいますが、それは逆で、夢で解放しているから現実に起こる必要がなくなるのです。また、夢の中で人が死ぬのもいい夢です。

それは、自分の一部が死んで新たに生まれ変わろうとしているときに見る夢だからです。

どんな悪夢を見たとしても、そのときに感じる感覚、感じる気分をありのまま感じることを許して、味わってみて下さい。そうすることで閉じ込められているエネルギーが解放され、統合されていきます。

エクササイズ

夢のワーク

起きたあとに、その夢を膨らませるようにストーリーを作ってみて下さい。夢の中でやりたかったことをイメージの中で何度もやってみて、そのとき感じる気分をよく味わってみて下さい。現実にはできないようなことであっても、イメージの中では何をやってもいいのです。悪いことを想像するとそれが現実に起こるのではないか、と心配する必要はありません。閉じ込めている否定的なエネルギーに気づかないでいるとき、それが現実化する可能性が高まるのです。現実生活の中で起こる一見よくないことも、この悪夢と同じだと考えるといいかもしれません。

Q　タバコやお酒がやめられません。こんなことでは悟れないのではないかと思います。

何かに依存しているとき、そうすることで自分の痛み、見たくない感情を避けているのだ、ということに気づいておいて下さい。

自分の内側をありのまま見るということは、本当に目覚めることへつながっていきます。何かに依存しているときには、本当の自分に気づいてしまうこと、悟ってしまうことを恐れているのだ、ということも意識しておいて下さい。

だからと言って、そのことを悪いことだと考えないようにして下さい。もちろん、身体を壊すほど中毒になっている場合は適切な対処が必要ですが、そうでなければ、今はタバコやお酒のおかげで自分の存在がなんとかバランスを取っているのです。心の奥の感情に急に触れてバランスが崩れることを防いでくれているのです。そういう意味で、タバコやお酒に感謝して下さい。

できる範囲で、自分の内側に光を当てること、自分から切り離してしまった自分の一部に気づく作業を続けて下さい。自分の本当の姿が見えてくると、何かに依存する必要がなくなってきます。

依存する対象には、タバコやお酒などの嗜好品から、テレビ、インターネットなどの情報、ゲームや趣味などの活動、人間関係から仕事まで様々なものがあります。ある意味では、人間の活動のほとんどすべては本当の自分を避けるため、目覚めてしまうことを避けるためのものなのです。

一方で、面白いことに、そのことに気づき始めると、誰もがもともと悟っている、という言葉の意味がわかってきます。

タバコやお酒がやめられなくても、そのタバコやお酒すら大いなるもの、スピリットそのものの表れであって、あなたはもともと悟っているのだ、という視点を忘れないようにして下さい。

Q　いつも貧乏ゆすりをしてしまいます。やめたいのにやめられません。

自分でも気づかないうちにやってしまうことは夜見る夢と同じで無意識からの大切なメッセージです。心の奥に閉じ込めて否定してしまった自分の一部が、注目を求めて、愛を求めて声をあげているのです。

無理にやめようとすることはその大切なメッセージを無視することになります。無視されたメッセージはさらに大きな形で人生に表れてくることがありますので、小さなメッセージのうちに気づくことが大切です。

エクササイズ　意識的な貧乏ゆすり

意識的に深い呼吸を何回か繰り返して心身をリラックスさせましょう。少しぼんやりとした意識状態に入ります。

わざと貧乏ゆすりをして下さい。自然に動いてしまう身体の動きを自分でわざとやってみましょう。動きを強調して大げさにやってみるのもいいです。もちろん、他の人がいるところでやるとおかしな人だと思われますので、人がいないところでやって下さい。

そのとき、自分の内側でどんな感情、どんなエネルギーが動いているかをよく感じて下さい。

身体の感覚を意識しながらやって下さい。

貧乏ゆすりに限らず、知らないうちにやってしまうことを意識しながらやることは、本当はいつもいろんな形でやってきている内側からのメッセージを受け止める大切な方法です。

例えば、咳払いをすることが多い人は、一人のときにわざと何度も大きく咳払いをしてみるといいでしょう。ため息が多い人も同じようにしてみましょう。

身体を小刻みに動かすチックのような症状のある人は、その動きを大きく強調して動かして下さい。もしかしたら、自然にダンスが表れてくるかもしれません。

タバコがやめられない人はタバコに手が伸びそうになったときに、ちょっと動きを止めて、そのときの身体の感覚をただ意識して下さい。渇望感、焦燥感、空虚感のような感覚を感じ取って下さい。そして、吸うときには、タバコが唇に当たる感覚、暖かい煙が肺に入ってくる感覚を味わいながら吸ってみましょう。

甘いものに無意識に手が伸びるときも同じようにしてみるといいでしょう。

Q　毎日のニュースを見ていると、戦争や飢餓、人権問題など、世界は問題だらけで、とても辛くなります。

あなたの世界の中に特に気になるものがあるとき、それはあなたの内面のまだ光が当たっていない部分、癒されていない部分を見せてくれるものです。それが否定的なエネルギーだとしたら、悪夢を見ているのと同じだと考えてみて下さい。

戦争が気になるとしたら、あなたの内面に癒されていない葛藤があるのかもしれません。飢餓が気になるとしたら、あなたにはまだ満たされていない基本的な欲求があるのかもしれません。人権問題が気になるとしたら、あなた自身が正当に認められていないと感じているのかもしれません。

悪夢を見たときと同じように、ニュースが気になるときに自分の内側で動くエネルギー、感情をありのまま感じ取る作業を行なって下さい。これはテレビを見ながらできるとても深い瞑想になります。

世界の中に「問題」があるように見えるのは、あなたの中にまだ癒されていない部分、光が当たっていない部分があるからです。あなた自身を癒し、すべてが大いなる神秘の表れであることを思い出したとき、起こっていることを「問題」だと考える思考がなくなります。ただ、対応すべき出来事があるだけで、それを「問題」だと考えなくなるのです。

そのとき、あなたの存在自体が世界への貢献になります。

エクササイズ

世界からメッセージを受け取る

意識的に深い呼吸を何回か繰り返して心身をリラックスさせましょう。少しぼんやりとした意識状態に入ります。

あなたの周囲の世界を見渡して下さい。部屋にいる人は部屋の中にあるものをよく見てみます。外にいる人は今目に入るものすべてをよく見てみます。

その中で、何か気になる感じがするもの、あなたの注意をなぜか引いてしまうものを一つ見つけて下さい。人でもいいし、物でもかまいません。

では、その人（その物）の気持ちになって、この本を読んでいるあなたに今一番伝えたいメッセージを語ってみて下さい。周囲に人がいるときは心の中で、いないときは実際に声に出してみて下さい。

それを聞いたときにどんなことを感じるかをよく味わって下さい。

私もこの原稿を書きながらやってみました。

目に止まったのは、ブレスワークなどのセラピーのときに音楽を流すスピーカーです。スピーカーの気持ちになって私に語りかけてみました。

「もっとボリュームをあげて、真実を大きな声で話してみて」

以前の私は自分が思い出した真実を語ることをとても恐れていました。こんなことを書いたり話したりしてもいいのだろうか、人から、世界から拒否されるのではないだろうか、と思っていたのです。最近はその思いがかなり小さくなっているのですが、まだまだ自分を素直に表現することを恐れているのかもしれません。

Q　起こったことの原因を考えたり分析したりする必要はないのですか。

苦しいときにはどうしても、それが起こった原因を考えてしまいがちです。現実的な対応をするためには原因を探すことが必要な場合もありますが、心の苦しみから解放されるためには別のアプローチが必要です。

そもそも、起こっていることには何の原因もありません。ただ、そうなっているだけです。

もちろん、短期的に見れば、ある出来事が起こったから、その結果としてこの出来事が起こった、ということは言えるでしょう。では、その原因となった出来事が起こったのはなぜでしょうか。それにも別の原因があるのなら、どこまで原因をさかのぼればいいのでしょうか。

どんどんさかのぼっていくと、なぜ世界はあるのか、とか、なぜ生きているのか、という究極のところにまで行き着いてしまいます。

私たちが物事の原因を考えてしまうのは、そうすることでありのままを感じることを避けているのです。ありのままを感じてしまうと、分離の夢が緩み、真の癒しが始まり、本当のことが見えてしまうからです。

苦しいときに原因を探さないようにしてみましょう。理由を見つけないようにしてみましょう。分析したり考えたりしてストーリーにはまることで真実を微妙に避け続けているのだ、ということを意識しておきましょう。

もちろん、それでも思考が止まらないこともあります。そのときは、思考が止まらないことを意識しておきましょう。その思考の流れに気づいておきましょう。その思考すらスピリットの一部、光の一部で何の問題もないのだ、ということを思い出して下さい。

すべてのことは何の理由もなくただそうなっているだけです。わからない、ということにくつろいでみましょう。

Q　否定的な思考や感情は相手にしないで、高次の存在だけを意識しておけばいいのではないですか。

瞑想の指導などでは、自分の本質（意識、光、内なる神、精霊、スピリット、スペース、空など）に意識を向け続けることを特に強調し、どんな思考や感情が浮かんできても相手にしないでほっておくように、と言われることがあります。

それはある意味では正しいです。理論的に言えば、大いなる存在＝内なる空間に気づいていれば、心の奥の無意識の領域に閉じ込められ自分から切り離されたエネルギーは自然と浮上してくるはずです。それをただありのまま受け止めていけば、分離の夢は終わっていき、全体としての自分を思い出していきます。

しかし、多くの人は自分でもまったく意識していない膨大な感情を心の奥に閉じ込めています。抑圧が強すぎるのです。自分にはそんな感情はないよ、と思う方もいるかもしれませんが、気づいていないからこそ無意識と呼ばれるのです。

その状態のままどれだけ高次の存在を意識し続けても、閉じ込められた感情はなかなか意識の表面に表れてきません。逆に、心を静めようとして一生懸命に瞑想することが感情の抑圧になってしまう場合もあるのです。これではどれだけ瞑想したとしても、一時的な心の静けさを感じることはできても、意識のもっとも深い部分にある真の平安、大いなる存在に気づくことはできません。

無意識の力というのはとてつもなく大きいものです。心の内側で自分から切り捨てられてしまった部分は思いがけない形で表れてくることがあります。普段とてもおとなしい人が急に粗暴なふるまいをしたり、精神的な指導者がスキャンダルを起こしたりするのは、無意識の力に飲み込まれてしまったときです。

自分の内側に光と闇の両方があることに気づいておくことが大切です。光だけを求めていると闇に飲み込まれてしまいます。

真の瞑想とは光と闇、その両方の存在をありのまま認めることです。どちらも世界を形作っている大切な一部だと認めることです。

そのとき、光と闇を区別する分離が終わります。どちらもスピリットそのものの表れだとわかります。

すべてがありのままで大丈夫なのだと安心できるのです。

Q　目覚めのプロセスが深まっていくと身体も緩むような感じがして不思議です。

身体の緊張は心の緊張の表れなので、そう感じるのはとても自然なことです。心身の緊張＝小さな私（エゴ）の感覚なので、緊張が緩めば私という夢が自然と緩んできます。逆に身体のほうから緩めることも大切です。

身体に障害がある人や病気のために身体が動かせない人以外は、内的な探求と合わせて、ストレッチや筋トレなどの身体的なエクササイズを行うことをお勧めします。

私は2014年に腰痛がひどくなり、そのあと腰痛対策としてストレッチや筋トレを始めたのですが、ストレッチで身体を緩めると、閉じ込めていた感情が浮上してくるような感覚があって、身体と心のつながりを再確認できました。

最初のうちは、軽くストレッチをするだけでなんとも言えない不安感が出てくるので、ちょっと身体を動かしては、そのあとしばらくはその不安感と向き合うのが日課になっていたことがあります。それをある程度通過すると、今度は、身体を動かしていて、どこかがボキッといって緩んだ瞬間に激しく涙が出てくるようになりました。

どちらの体験も、身体の緊張の中に感情が閉じ込められているのだということを深く実感させてくれました。

また、私は長い間、カウンセリングの仕事でほとんど座りっぱなし、疲れたら横になる、というような生活を続けていました。そのせいで、ものすごく筋肉が落ちていたことに、腰痛がひどくなって初めて気がつきました。

ストレッチと合わせて筋トレをすることで、身体全体がしっかりしてくると、（仮の）自分という感覚もしっかりしてきます。筋トレでほとんどの問題は解決する、という説もありますが、あながち的外れではないように感じます。

筋トレとストレッチを合わせて行う必要があるのは、鍛えるべき部分が鍛えられていないと、緩む必要があるところも緩まないからです。筋肉のかわりに緊張で身体をなんとか支えていたような感じがします。

これは、自我がある程度しっかりしていないと、全体性の視点、目覚めの意識に安定していられない、ということと関連しているような気がします。

Q　瞑想していると不思議な香りがしたり光が見えたり音が聞こえたりすることがあります。

初めて体験すると驚くかもしれませんが、瞑想だけでなくセラピーの途中で同じような体験をする人も多いです。

これは人間の内側に眠っているスピリチュアルなエネルギー、集合無意識の領域のエネルギーが動き出したときに起こる現象ですから、心配はいりません。それが心地よいときはもちろん、そうでないときも、そのとき感じる感覚をありのまま味わって楽しんで下さい。それもまたやってきては去って行くだけのエネルギーですから、それにこだわる必要はありません。

目覚めのプロセスの途中では様々な神秘体験のような経験をすることがあります。それまで目に見えない世界を避けていた人、思考の世界に強く同一化していた人ほど、内的なエネルギーが動き出すとびっくりするような激しい体験をして、これで自分は悟った、と思ってしまう傾向があります。

これはきっと、一方の端に大きく振れていた振り子から手を離すと急に反対側に大きく振れるのと同じように、一つの世界だけに同一化していた人に、それとは違う世界があるのだよ、と宇宙が教えてくれているのだと思います。

そのどちらの端にもこだわらないようにしていると、やがて振り子の振れ幅は小さくなっていきます。両方の世界にバランスをとりながらいられるようになるのです。

Q　心が静まってくると耳鳴りのような音がして心配になります。

それは誰の心の奥にも流れている宇宙の音、存在の音です。ナーダ音と呼ばれることもあります。ブレスワークなどの感情解放のワークを行なって深くリラックスしたときに、この音を初めて聞いたり、それまで聞いたことのないほど大きく聞こえてきたりして、びっくりする方がときどきおられます。また、集中的な瞑想を行うと同じような音が聞こえてくることもあります。

文字で表現すると、ジーン、キーン、シャーン、というような感じでしょうか。虫が鳴くような音、妙なる音などと表現されることもあるようです。この音は世界を作っているたった一つのエネルギーが微妙に振動している音、宇宙の創造の音です。

この音は心の奥深くでいつも鳴っています。ただ、普段は思考の雑音にかき消されて聞こえなくなっているだけなのです。

この音が聞こえるようになったということは、あなたが宇宙の大きな流れと同調しつつあることの証しですから心配はいりません。

インナーボディの瞑想と同じように、日常生活の中でできるだけこの音を意識しながら過ごして下さい。普段の生活を送りながらできる深い実践になります。

Q　もっと瞑想をしないといけないのに、なかなかできません。

瞑想は目覚めのプロセスの中では大切な実践方法の一つですが、やらなければいけないと思ってやってもあまり効果はないでしょう。

もし瞑想に何か惹かれるものを感じているのなら、今のあなたにはとても必要なものですから、自分に合う瞑想法を集中的にやってみて下さい。

一方で、できないときに無理にする必要はありません。あなたは何もしなくても、そもそもの最初から目覚めています。あなたはもとから光そのもの、大いなるものそのものなのです。

そのことが見えなくなっているのは、あなたの中にまだ癒されていない部分、知らないうちに自分＝全体から切り離されてしまった自分の一部があるからです。

瞑想ができないときは、それがスピリチュアルなこととは関係なくても、自分が一番やりたいことをやって下さい。それをやるときに自分の内側で感じるあらゆる感覚をじっくりと味わって下さい。それが嬉しい感覚、楽しい感覚であるときはもちろんのこと、悲しみや怒り、苦しい感覚であったとしても、それを十分感じ取って下さい。

今はそれらの感覚を感じて、それも自分の一部だと認める必要があるからこそ、瞑想以外の何かをやりたくなっているのです。今はそれをやることが悟りへの一番必要なワーク、目覚めへの近道です。やりたいことを我慢していくら瞑想しても、真の解放には近づけません。

どうぞリラックスして、自分の気持ちを大切にし、やりたいことを十分やって下さい。それは自分を取り戻すためであり、同時に、自分を超えていくための準備なのです。

Q　自分の嫌な部分がたくさん見えてきて、ものすごくちっぽけでどうしようもない人間に思えてきました。以前はそんなことはなかったのにどうしてなのでしょうか。

これは目覚めのプロセスの中で一時的に感じる感覚ですから、心配はいりません。
それまでのあなたは、自分の弱い部分、人に見せたくない部分は無意識の領域に閉じ込めて、自分自身にも見えないようにしていました。寂しさを抱えている自分、怒りを持っている自分、嫉妬を感じている自分、そんな自分ではいけないと考えて、その部分はないものにしていたのです。

目覚めのプロセスが深まってくると意識の光が心の奥深くまで徐々に届いて行きます。今まではふたをして感じないようにしていた思いが意識に上ってくるようになるのです。でもそれは、今ならそれを受け止めることができるからこそ浮上してきているのです。

そんな自分が今ここにいることを許してください。今あなたが感じているすべての感情を感じることを許してください。

やがてどんな自分も本当の自分ではないことがわかります。本当の自分とはそれらすべてを包み込んでいる空間そのものなのです。

そのことがわかってくると、どんな自分もありのまま愛されていることがわかります。ありのままの自分でいてもいいのだという安心感が生まれます。

4　エネルギーの解放

無意識の領域に閉じ込めていた感情やエネルギーが次々と意識の表面に浮上してくるプロセスが続いていきます。どれもやってきてはそのうち去って行く自然の流れの一部であると気づいておくことが大切です。

Q　些細なことに怒りを感じている自分に気づいて驚いています。

目覚めのプロセスが深まっていくと、自分でも気づいていなかった様々な感情が意識に上ってきて驚いたり戸惑ったりすることがあります。その怒りは、それまでもずっと感じていたのに、気づいていなかっただけなのです。

実は私たちは本当に些細なことでも怒りを感じています。自分がやりたいことを自由にできなかったときに怒りを感じるのは自然なことですが、「こんなことで怒るのはおかしい」という理性が働いて、その怒りに気づけなくなっているのです。

大切なことは、その怒りのエネルギーを思考で判断せずに、ただ気づいておくことです。怒りのエネルギーの流れを意識しておくことです。

エクササイズ

微妙な怒りを意識する

車で走っているとき（道を歩いているとき）に赤信号で止められたとき、あなたの内側で動いている微妙な怒りのエネルギーに意識を向けてみましょう。

そのときの感覚を声に出して言ってみましょう。道を歩いていて、近くに人がいるときは心の中で言ってみましょう。

「早く行きたいのに〜」「さっさと行かせろよ！」「もう、めんどくさいんだよ！」といった感じで。車の中なら少し大きな声で言ってみるのもいいでしょう。

そのとき自分の内側で起こるエネルギーの動きをよく味わってみます。


否定的なことを言うと否定的なことが起こるのではないかと心配する必要はありません。自分が否定的な思いを持っていることに気づいていないとき、否定的なことが引き寄せられるのです。こうして否定的なエネルギーに気づき、意識の光をあてれば、それは否定的も肯定的もない、単なるエネルギーだということがわかります。ただ流れて行くだけです。

Q　腹がたつようなことばかり起こります。私が引き寄せているのでしょうか。

引き寄せていると言ってもいいのですが、それはあなたが怒りの感情を受け止める準備ができつつあるので、宇宙が怒りを引き出すためのきっかけを与えてくれているのです。

そのとき大切なことは、出来事や相手を責めるのではなく、その怒りを自分自身のものとしてしっかりと引き受けることです。出来事や相手は怒りを引き出すための触媒にすぎず、怒りそのものは自分の内側にずっと前からあったことに気づいて下さい。


私は10年以上前に同じような体験が何度もありました。レストランで食事の中に異物が入っていたり、携帯を見ながら片手で運転している自転車にぶつかりそうになったり、そのたびに、自分がそんなことをするなんて以前は想像したこともなかった勢いで相手に向かって怒りをぶつけたりしました。

そんなときは完全に無意識になってしまい、そのエネルギーに飲み込まれていました。しばらくたってから、あのときは閉じ込めていた怒りが解放されていたのだ、ということにやっと気づきました。

こんなことが起こったときには、最初は難しいかもしれませんが、その大きなエネルギーに巻き込まれないように、身体の感覚に意識を向け、起こっていることに自覚的になることを心がけて下さい。

Q　理由もないのに急に涙が出てくることがあって困っています。

セラピーの中でも、涙が出てくるのに何故泣いているのかわからない、ということがよくあります。

感情を抑えすぎている人は、それが抑えきれなくなると、感情であるという自覚がないままただ涙だけが出てしまうのです。そうやって自分でも気づかないうちに溢れさせることで、決壊してしまうことを避けているのです。

ですので、理由なく涙が出てきても、それを問題だと考えないようにして下さい。そうすることで自分という存在全体がバランスを取ろうとしているのだ、ということに気づいておいて下さい。

前にお話ししたように、無意識にやってしまうことを意識的にやってみることは、自分の内面に光を当てていく上でとても役立ちます。意識してわざともっと泣いてみて下さい。その感情が「悲しみ」や「寂しさ」であると気づいたら「悲しいよ」「寂しいよ」と声に出して言ってみて下さい。そのとき、どんな感じがするかをよく味わって下さい。

Q　自分がどれほど寂しかったのかということに気づきました。この気持ちをどう扱っていいのかわかりません。

目覚めのプロセスが深まっていくと、長い間閉じ込めていた感情が緩み始め、意識に上ってきます。また、怒りの奥には必ず悲しみや寂しさがあります。怒りを自覚するプロセスを深めていくと、突然寂しさに気づくことがあります。

自分でもあまり意識していなかった感情が出てくると、戸惑ったりどうしていいかわからなかったりすることがあります。どんな感情もどんな思いもその存在を許して下さい。自分の気持ちにできるだけ正直になって下さい。

身近な人で、こういった話を受け止めてくれそうな人がいたら、自分の寂しさについて話をして下さい。パートナーがいる人は、寂しいので身体に触れてほしい、抱きしめてほしい、というように、もっとストレートに寂しさを表現して下さい。

男性は特に自分の気持ちについて話をするのが苦手な人が多いと思います。その前に、自分の気持ちに気づくことすら難しい人もいると思います。ですので、今、その感情に気づき始めているのはとても大切なことなのです。

目覚めのプロセスは自分の本当の姿、スピリットとしての、大いなるものとしての、神としての自分に気づいていくプロセスなのですが、多くの場合、その本当の姿はエネルギーのブロック、感情の抑圧の奥に閉じ込められて見えなくなっています。

プロセスが深まり始めると、光が見えてくると思っていたのに、最初のうちは見たくないもの（閉じ込めていた感情）ばかりが見えてきて、方向が間違っているのではないかと心配になることもあります。でもこれは、瞑想を始めると心が静まると思っていたのに前より思考がうるさくなった、ということと同じで、それまで見えなくなっていたものが癒しを求めて、統合を求めて見えるようになっただけなのです。

それにただ気づいておくこと。それがそこにあることを許しておくこと。ありのままにしておくこと。すると、やがてそのもっと奥にある、あなたの本性、沈黙としての自分、スピリットとしての自分が見えてきます。

どんなときにも根本的な正直さが大切です。今感じていることをそのまま感じてもいいのです。あなたのままでいいのです。

Q　急に性的なエネルギーが強まってきて困惑しています。

目覚めのプロセスが深まってくるときに同じように感じる方は男女問わず多いです。怒りや悲しみなどの抑圧していた感情に気づき始めると、それまで閉じ込めていた様々な感情が次々溢れるように流れ出してきて、そのエネルギーに驚くときがあります。性的なエネルギーも同じで、一時的に圧倒されるような感覚に襲われるときがあります。

パートナーがいる人は性について感じていることをできるだけ正直に話し合ってみるといいでしょう。

大切なことは性が特別なものであるという思い込みから自由になることです。いつも怒っている人が怒りから自由になっているわけではなく、ただ抑えきれない怒りが無意識に流れ出しているだけなのと同じように、性的に自由に行動している人が必ずしも性的なエネルギーに関する思い込みから自由になっているわけではありません。

どんな感情も自然のエネルギーの流れの一部であることがわかるように、性的なエネルギーも自然のエネルギーの流れの一部で、なんら特別なものではないとわかってきます。よいとか悪いという判断なく、ただ流れて行くのを見ていられるようになってきます。

また性的な欲求はスキンシップを求める欲求ともつながっています。誰かに触れてもらうことは、自分が自分のままでいてもいいのだ、という承認をもらうこと、つまり、根源的な愛を受け取ることです。

心の奥にある深い寂しさに気づいていないと、スキンシップを求める欲求と性的な欲求が混同されてしまうことがあり、どれだけセックスしても満たされずに、セックス依存になってしまうこともあります。

ここでも、自分の本当の気持ちにどれだけ気づけるかがポイントになります。

Q　感情の解放を進めていると、突然、激しく泣きたくなったり笑いたくなったりすることがあります。私はおかしくなったのでしょうか。

本当の自分を思い出すプロセスが深まってくると、理由もないのに泣きたくなったり笑いたくなったりすることがあります。私はこれを「泣き笑いの発作」と呼んでいます。

感情の解放を進めていくと、最初のうちはそれぞれの感情と過去の記憶が結びついていて、あのことが悲しかったから泣いている、ということが自分でもわかることが多いです。

さらに深まってくると集合無意識の領域に触れ始め、自分の経験を超えた悲しみ、人類全体の悲しみのようなものに触れる感じがしてきます。そのときには、なぜ泣いているのかわからず、ただエネルギーそのものが溢れ出してくるような感覚になります。

また、泣くプロセスが一番深い部分まで達すると、自然と笑いになってきます。泣いたり笑ったりが連続的につながってきます。泣くことと笑うことはまったく同じエネルギーなのだ、ということが実感としてわかるのです。

もしあなたがこういったプロセスを体験し始めたら、最初のうちは恐れを感じるかもしれませんが、本当におかしくなることはありませんので、恐れもありのまま感じながら、起こっていることに身をゆだねてみて下さい。

すると、あなたのアイデンティティがエゴから大いなるものへと徐々に移行していきます。存在のもう一つの次元が自然に開いていきます。

激しい感情の表出はやがておさまります。あなたはおかしくなったのではなく、分離の夢から抜け出して自然な状態に戻りつつあるのです。

Q　理由もないのに急にむなしくなることがあります。

むなしさは目覚めのプロセスの中では特に大切なものです。探求の道に入ると何度も繰り返しむなしさがやってくる時期があります。それは自分の中の何かが死んで生まれ変わる時期、死と再生のプロセスが進んでいる時期です。人生の大きな転機に感じるのは当然ですが、何の理由もないのに急にむなしくなるときもあって、自分がおかしくなってしまったのではないか、と感じることもあります。

むなしくなってきたらその感覚を歓迎して下さい。自分の内側で大きな変化が起こっているのだ、と気づいておいて下さい。むなしさの中に意識的に入ってみて下さい。

最初のうちは、むなしさがやってくるとそれに完全に巻き込まれてしまい、何もできなくなって落ち込んでしまうこともあります。そうなったときはそれでもかまいません。その状態から抜け出したときに、今大事なことが起こっていたのだ、と振り返ってみるだけでいいです。

やがて、むなしさがやってきている最中に気づけるようになります。「今とても大事なことが起こっているんだ。この感覚を味わってみよう」と。すると、そこから抜け出しやすくなります。

そのうちに、むなしさがやってくるのが楽しみにすらなるかもしれません。

むなしさは探求がかなり深まってからでも、ふいにやってきて、面食らうことがあります。でも、その度に何かがさらに深まる感じがします。この先にまだ何かがあるのだ、というワクワク感を与えてくれます。

Q　急に気が狂いそうな気分になるときがあって怖くなります。

私たちは皆、心の奥、集合無意識の領域に狂気をかかえています。抱えているというよりも、全人類共通の狂気とつながっているといったほうがいいでしょう。狂気というのは理性では認めがたい激しい動物的、原始的なエネルギーです。

ほとんどの人は内側の狂気に気づいていません。それに気づいて意識的に表現している人がある種の芸術家になるのでしょう。

自分の中にあるのに気づいていないエネルギーは投影の原理によって外の世界に表れてきます。現代社会の中にある様々な狂気はあなたの内側にあるのです。その狂気のエネルギーに自覚的になることが世界を癒していくためにも大切です。

お祭りは古くから狂気を解放する社会的なシステムでした。今ではロックコンサートやスポーツ観戦、ディスコやクラブなどがその代わりになっています。そういった場所に行くときには内面の狂気を意識しながら振る舞うといいでしょう。

音楽、ダンス、絵画、文芸、その他の創造的な活動を通して、内なる狂気を意識的に表現することも大切です。

どんなことも意識しながら、気づきながら行うことが目覚めのプロセスを深めていきます。

エクササイズ　意識的に狂ってみる

意識的に深い呼吸を何回か繰り返して心身をリラックスさせましょう。少しぼんやりとした意識状態に入ります。

まず、ジベリッシュ瞑想（P73）をやって下さい。意味のない言葉をひたすら話しながら、そのとき感じる感情や身体感覚をありのまま味わいます。

ジベリッシュ瞑想を続けながら身体を動かしたいように自由に動かします。どう動かしていいのかわからないときは、最初は手足をばたばた動かすことから始めてみましょう。そのうちに特定の動きが出てきたら、その動きに身をまかせます。自分が動いているのではなく、動きが自然に表現されている、動きそのものになっている、という感覚を意識します。

わけのわからない言葉をしゃべりながら狂ったように身体を動かします。自分の内側の狂気を意識しながら続けます。

気の済むまで続けて落ち着いてきたら、声と動きを止めて、しばらくの間沈黙の時間を取ります。内側で動くエネルギーの動きを味わって下さい。

このエクササイズは周囲に人がいない場所で一人のときに行うことをお勧めします。

Q　もうずいぶん感情の解放を続けてきました。かなり楽になってきたのですが、まだこれだけではないという感じがします。

その感覚は私もずっと感じてきたのでよくわかります。

私は20代半ば頃、ブレスワークという呼吸を使ったセラピーなどで何度も感情の解放を行なってきました。セラピーを受けるたびに泣いたり喚いたりしていたものです。そのおかげで、呼吸が深くなり、身体の緊張も緩んで、それ以前と比べれば生きる感覚はずいぶん楽になっていたのですが、心のどこかでまだ何かが足りないという感覚が消えませんでした。

それから20年以上すぎた50歳を目前にした頃、腰痛がひどくなり動けなくなってしまいました。そのとき身体の感覚をありのまま感じていると、もうとめどなく涙が出てくるようになったのです。それまで自分がどれほど大きな寂しさを抱えていたのか、ということを、初めて一番深い部分まで実感しました。

この体験を通過して以降、まだ何かが足りないという感覚がなくなりました。自分の一番深い部分とつながったと感じたのです。

そのときに感じたのは、あまりにも深い痛み、あまりにも大きな寂しさや悲しみは、それを受け止める準備ができていないと浮上してこない、ということです。どんなに感情を解放しようと頑張っても、そのとき受け止めることができる分しか意識の表面に上ってこないのです。

受け止める準備というのは、どんな痛みも、大いなるものの一部、スピリットの一部であるとわかるということです。どんな苦しみも、やってきては去って行くエネルギーの流れにすぎず、夢の一部だとわかるということです。

すると、痛みや苦しみをありのまま感じ取りやすくなるのです。

準備ができていないときにどんなに頑張っても感情が感じられないのは、感情の膨大なエネルギーの洪水に飲み込まれて小さな自分が壊れてしまわないように宇宙が守ってくれているのだな、と思います。

ですから、感情の解放がうまくいかなくても、焦らないようにして下さい。できる範囲で興味のある実践を行いながら、それ以外のやりたいことも十分にやって下さい。準備ができたら、内側が自然と開いていくときが必ずきます。

5　援助を求めるとき

道に迷ったとき、どうしようもなく辛いとき、誰かの援助を必要とするときがあります。援助してくれる人も自分と同じスピリットの表れなのだ、ということを忘れないようにしましょう。

Q　グル（精神的指導者）は必要なのでしょうか。

多くの伝統的な教えではグルは必要だと考えられているようですが、私は必ずしも必要だとは思っていません。というのは、世界のすべてが自分に真実を教えようとしているのだ、自分の中のまだ光があたっていない部分を伝えようとしているのだ、とわかると、世界全体がグルだとわかり、人間の形をした特定のグルは必要なくなるからです。

誰かが自分よりも目覚めた人のように見えるときは、自分の中にある目覚めた部分にまだ気づけていないときです。すると、その部分を外の世界に投影して「あの人は私よりも目覚めている。あの人の教えを受けたい」と考えるのです。

グルと関わるときには、その人は本当は自分自身なのだ、ということを忘れないようにしましょう。その人が目覚めているのと同じように、自分もすでに目覚めているのだ、ということを意識しておきましょう。グルと生徒という区別は一つのストーリー、夢の中のお芝居の役割にすぎないのだということに気づいておきましょう。そのことを忘れてしまうと、自分が本来持っているパワーを相手に委ねてしまうことになります。

そのことを意識しながらグルと関わることができれば、その関係はもっと豊かなものになるでしょう。

Q　瞑想の先生にひどいことを言われて傷つきました。精神的な指導者がそんなことをしてはいけないと思うのですが。

信じていた先生にそんなふうに言われてとても辛い思いをされたのではないかと思います。このご質問には私自身の自戒を込めてお答えしたいと思います。

精神的な指導者や人を援助する仕事をしている人の多くは自分自身が傷ついて苦しんだ経験を持っています。様々な経験を通して自分が癒され楽になったと感じているからこそ、それを他の人に伝えようとしているのだと思います。

しかし癒しと目覚めの道はとても深く、一筋縄ではいかないものがあります。大きな体験をすると「これで自分は目覚めた。もう問題は何もない」と思い込んで、「目覚めた私」というアイデンティティに同一化してしまうことがあるのです。すると、癒されていない痛み、光が当たっていない感情は自分でも全く気づかないまま無意識の領域に閉じ込められてしまいます。

一方で私のような仕事を始めると、あの人は目覚めたすごい人だ、という多くの人からの投影を集めて、本人もそうだと勘違いしやすくなるのです。

無意識の力はものすごく大きいものです。ふとしたきっかけで癒されていない痛みが浮上してきて、自分でも思ってもみなかった言動をとってしまうことがあります。人を指導する立場として本来あってはならないことですが、つい無意識にそういう振る舞いをしてしまうことがあるのです。

これは私自身も、どうしてあのときあんなことを言ってしまったのだろう、と後悔するようなことが何度かありました。

どんな指導者もあなたと同じ一人の人間であるということを忘れないようにしましょう。見かけ上は指導者と指導される人、先生と生徒と言う役割を演じていますが、本当はその人もあなたもスピリットそのもの、光そのもので、今はただ一時的にそういった芝居を一緒に演じているだけなのだということを意識しておきましょう。その人との関係の中であなたが経験するすべての感情をありのまま感じることを許してみましょう。

もしあなたが指導する立場なら、生徒に思わぬ振る舞いをしてしまったとき、それを相手のせいにするのではなく、自分自身の癒されていない痛みが表れているのだということをしっかり意識しましょう。その人のおかげで自分の痛みに光を当ててもらえたのだということを忘れないようにしましょう。

先生と生徒、お互いがスピリットそのもの、光そのものだとわかりながら関係を持つことができたとき、その関係からもっとも素晴らしいものが生まれます。

Q　辛くなったとき誰かに相談すると、辛い気持ちを肯定的な気持ちに変えるようにアドバイスされることが多いのですが、それができないから辛いのです。自分を否定されるようでますます辛くなります。

セラピーを受けて下さる方から同じようなお話をうかがうことがよくあります。スピリチュアルや心理学の本を読んでも、自分が責められているように感じて辛くなるとおっしゃる方もいます。

　苦しみから解放されるプロセスはとても矛盾に満ちています。一番大切なことはありのままを認めることです。ありのままを認めるというのは、今そうなっていることはそうなっているままでいいということですから、本当は特に何かをする必要はないわけです。

　そうはいっても、マインドはどうしてもそこに至るための手段、方法を求めます。すると、すべてをありのまま認めることが大切だと頭でわかっていても、相談を受けると「そんなときは、こうして下さい」という表現でしかお伝えできなくなってしまうのです。ありのままでいい、と言いながら、今とは違う状態になるために何かをしましょう、という矛盾におちいってしまうのです。

　一般的な生き方についてのアドバイスや、スピリチュアル、心理学の本に書かれている情報のほとんどは分離の世界を前提としています。あるものはよくて、それ以外のものはよくないものだと考え、よくないものをよいものにしようとするのです。

　でも、この考え方は最終的にはうまくいきません。何かをよいものと判断すると、よくないものを必ず生み出すからです。善は悪がないと存在できないのです。

　まず、あなたが今のその辛さから解放されるためには、分離の世界から抜け出して、自分の本当の姿に気づく必要があるのだ、ということに気づいておきましょう。あなたにアドバイスをくれる人のほとんどは、あなたと同じように分離の世界に閉じ込められて苦しんでいるのだ、ということを意識しておきましょう。

　そして、アドバイスを受けたり、本を読んだりするときは、言葉を通して得られる情報よりも、それを聞いて（読んで）ホッとする感覚、安心できる感覚を感じられるものを大切にして下さい。

　その安心感が、目覚めのプロセスをさらに深めていく道、分離の夢から抜け出して楽になっていく道の大切な道しるべになります。

6　援助を与えるとき

カウンセリングや援助の仕事をしている方からご質問を受けることもよくあります。援助の仕事をするときに一番大切なことは、自分の痛みを意識しておくこと、そして、自分の本質を意識しておくことです。

Q　カウンセリングの仕事をしています。でも、自分の中にはまだ癒されていない部分、愛を求めている部分がたくさんあって、そんな自分がこんな仕事をしていいのかと思うときがあります。

完全に癒されて完璧な人にならないと人を援助することはできないと考えていると、それにふさわしい人はどこにもいないことになります。

大切なことは、自分の中にまだ癒されていない部分があると気づいていることです。気づいているということは、その「癒されていない部分」と一体化していないということです。本当の自分はもっと大きな何かなのだ、ということに気づいているということです。

誰もが愛を求めています。ありのままの自分を認めてほしいと思っています。あなたが自分の痛みをありのまま認められているとき、あなたはその痛みを包み込むスペースになっています。愛そのものになっています。すると、あなたの周囲にいる人はそのエネルギーを無意識に感じ取り、自分も愛されていると感じるのです。

自分の中に癒されていない部分があるとわかっているあなたにこそ、カウンセリングの仕事をしてほしいと思います。

Q　カウンセリングをしていると辛くなるときがあります。中野さんはそういうことはないのですか。

この仕事を始めて今年（２０１９年）で22年になりますが、最初の頃はものすごく辛くなっていました。お客様と1時間お話をしただけで翌日１日動けなかったこともあるくらいです。

今は、多少辛くなることもありますが、以前に比べればとても楽です。

援助の仕事をしている人が仕事の関わりの中で辛くなるのは、自分の内側にまだ癒されていない部分、解決されていない問題、つまり、その存在が認められていない感情やエネルギーがあるため、お客様の痛みに触れたときに、自分の痛みと共鳴し合い辛くなってしまうのです。

そんなときに大切なことは、その自分の辛さをありのまま感じ取ることです。スペースとしての自分、沈黙として自分の中に包み込むことです。お客様の痛みと自分の痛みが一つの同じ痛みだと気づいておくことです。すると、自分の痛みが癒されるのと同時にその人の痛みも癒され、お互いが楽になります。

お客様の痛みを感じることで自分のまだ癒されていない痛みに気づくことができ、その痛みを認め、癒していくことでお客様も癒されます。

自分とその人との間には分離がないことがわかったとき、本当の癒しが起こるのです。

Q　非二元や悟りをベースにしたカウンセリングをするにはどんな技法を学べばいいのでしょうか。

カウンセリングの技法はたくさんありますが、非二元や悟りをベースにしたカウンセリングに必要な技法が特にあるわけではありません。非二元というのは一つの技法ではなく、存在の仕方です。カウンセラーのあり方です。

どんな技法を使ったカウンセリングをするときでも、カウンセラーのあり方そのものがカウンセリングの質を決めます。あなたが沈黙として、スピリットとして、愛そのものとしてお客様の前にいるだけで、あなたが使う技法が一番効果を発揮します。

私は20年以上カウンセリングやセラピーを行っていますが、最初の頃は今ほど内側の沈黙の次元に気づけていませんでした。その頃は、技法に頼ったカウンセリングを行っていたような気がします。

やがて、内なる沈黙、内なる空間をはっきりと自覚しながらお客様と接することができるようになるにつれ「中野さんと話をしているだけで思考が静まってくる」とか「部屋に入るだけで涙が出てくる」というお話をよくうかがうようになりました。お互いの内側にあるすべてがわかっている部分が共鳴しやすくなっているのだと思います。

ですので、技法に関しては、あなたが興味を感じるもの、ご縁のあるものを学んで下さい。技法の学びと合わせて、自分自身を癒し、自分の本質を知る作業を続けて下さい。それが他者を援助する最大の力になります。

7　目覚めることへの恐れ

私たちは様々な方法で真実を避け続けます。今この瞬間目の前に広がっているスピリットを避け続けます。

でもそれを問題だと考える必要はありません。何しろ私たちの活動のほとんどすべては真実を避けるための行動だからです。ただそのことに気づいておいてください。すべては抵抗だということに気づいておいてください。何をやっても抵抗でしかないと分かったとき、あなたは最初からスピリットの海の中にいたことを思い出します。

Q　物心ついた頃から「私はいない」という感覚を感じています。私は最初から悟っているのではないかと思います。

もっとも深い視点から見ればすべての人はもともと悟っていますから、あなたはもともと悟っています。しかし、同時に、その悟りを現象世界の中で表現していく媒体としての仮の私を癒していくプロセスも大切です。

悟りを強く求めている方ほどまだ癒されていない大きな苦しみを抱えていることが多いです。それは本来の自分から切り離されてしまった部分がとても多いということ、すなわち、現象世界を生きていくための仮の私、自我としての私がしっかりしていない、ということです。

この、自我としての私がまだしっかりしていない、自我が形成されていない状態を、非二元的な意味での「私はいない」と混同してしまうことがあるのです。

これは私自身が長い間その状態にいたので、同じ状態にいる方の気持ちがよくわかる感じがします。

個人としての私を癒し自我を確立していくには、一度無意識（個人的無意識）の領域にある過去の痛みとそれにともなう感情にしっかりと向き合っていく必要があります。

そのプロセスの最初は辛すぎて見ないようにしている感情を受け止めていく作業ですから、一時的により大きな苦痛をともなう場合があります。自分はもう悟っているというストーリーを信じることで、その苦痛を無意識のうちに避けてしまうのです。

でも、いくら「私はいない」と自分に言い聞かせても、閉じ込めている痛みがなくなることはありません。痛みを受け止める準備ができていないときに痛みを避けてしまうことは仕方ありませんが、ときが来れば、その痛みは様々な形で人生に浮上してきます。

それまでの間、この世界を生きていく仮のアイデンティティとして「悟った私」というストーリーを利用しているのだ、ということに気づいておきましょう。

Q　少しずつ真実がわかってきて、生きることが楽になってきました。家族や友人にもわかってほしいのですがどうしたらいいでしょうか。

誰かにわかってほしい、という思考が浮かんでくるときは注意が必要です。そのとき、自分はわかっていて、あの人はまだわかっていない、という分離の夢に閉じ込められています。

誰かがまだわかっていない、と考えるときは、まだ自分自身が本当の意味ではわかっていない、目覚めていないだけなのです。

まずは自分自身を癒し、自分自身の目覚めのプロセスを深めて下さい。あなたが本当に癒され目覚めたとき、あなたの身近な人たちも自然と目覚めのプロセスを歩み始めます。あなたの存在そのものが身近な人たちを癒す空間になるからです。

Q　厳格な菜食主義の友人がいます。私も勧められるのですが、目覚めるために必要なことなのでしょうか。

暴飲暴食を避けた適度な食事は身体の健康のためには必要なことですが、あまりにも厳格な食事制限は自己否定の表れ、自分の内側の何かを制限していることの表れであることが多いです。これは食事だけに関わらず、外側の世界の何かを制限したり否定したりすることすべてに当てはまります。

そのお友達の姿を見るときにあなたが感じている正直な気持ちをよく感じ取って下さい。それを直接伝える必要はありませんが、もし伝えたくなったら、できるだけ感情的にならないように伝えて下さい。

もしあなた自身が何かを制限していると気づいたら、そうしているときにどんな気分がするかをよく味わって下さい。そうすることで自分の内側の何を見ないようにしているのかを意識して下さい。

とは言っても、そうやって制限していることを問題だと考えないで下さい。今そうなっていることはそれが必要だからそうなっているのです。そうやって制限しておかないと、閉じ込めているエネルギー、見ないようにしている感情が急に浮上してきて辛すぎるのかもしれません。

他の人のことにしろ、自分のことにしろ、制限していることが気になるときに自分の内側で動く感情のエネルギーと一緒にいて下さい。

Q　社会運動や政治運動に夢中になっている友人がいます。言っていることはよくわかるし、

大切なことだと思うのですが、その友人はとても苦しそうで、話を聞いていると違和感を感じるときもあります。

よりよい世界を作ろうとするこころざしは貴重なものですし、お友達の活動は素晴らしいことです。一方であなたが感じる違和感もわかる気がします。

世界を改善しようと活動している人の中には、世界が自分の内面の反映であることに気づいていない人もいます。自分を変えないままどれだけ世界を変えようとしても、本質的な変化は起こりません。

世界を変えなければという使命感が強い人の中には、自分の内側の何かを見ないようにしていることがあります。自分を本当に変えること、つまり自分が心理的に死んでいくことが怖くて、その代わりに自分の外側を変えようとしているのです。これは何かに依存することで自分の内側の痛みや空虚感と向き合う苦しさを避けているのと同じです。

この状態では、頑張って活動して実際に社会が変わったとしても内面の空虚感は消えませんし、活動の成果が出なければ、こんなに一生懸命にやっているのにどうしてうまくいかないのか、という失望感が大きくなります。

本当に社会を変えるために必要なことは、一人一人の意識が変わり、自分の本質に気づくことです。すべての人が自分だとわかれば人間関係が変わり、社会全体が自然に変わっていきます。

すべては完璧で何も変える必要がないとわかりながら社会を変える活動をすることもできます。そのとき、その活動が一番効果的になるのです。

もし、そのお友達のことが気になって何かサポートしてあげたいと考えているのなら、その人の辛そうな様子を見たときにあなたが感じるすべての感情をありのまま感じ取って下さい。その人の辛さを自分自身の辛さとして受け止めて下さい。その人といるときに沈黙を意識するようにして下さい。お友達をあなたという愛の空間で包んであげるのです。

Q　少しずつ本当のことがわかってきたのですが、さらに深く感じようとすると怖くなるときがあります。

感じることはとても大きなパワーを持っています。

以前、すべての恐れは自分の内側の何かを恐れているのだ、というお話をしました。これをさらに深い部分まで探求していくと、恐れというのは目覚めてしまうことの恐れ、自分の本当の姿を知ってしまうことの恐れ、つまりは死の恐れにつながっています。

感じることを深めていくと、まず個人的な未解決の痛みを思い出して怖くなることがあります。個人的無意識の領域です。

さらに深めていくと、自分という実体はそもそも存在していなかったのだ、という真実に気づき始めます。スピリットとしての自分、空間としての自分に気づき始めます。このとき感じる恐れが死の恐れと同じものなのです。

分離の夢の中にいるエゴとしての自分から見ると、この目覚めのプロセスは本当に死んでしまうような感じがしてとても怖いのです。感じることを十分に許すと、人生という楽しい夢が終わっていくような感覚があって、とても抵抗してしまうのです。

でも、それもまた一時的なものです。恐れもただありのままにしておけば、やってきては去って行く単なるエネルギーの流れにすぎないということがわかってきます。自分とは生まれたり死んだりする何かではなくて、世界全体のことだとわかってくるのです。

目覚めることは私というストーリーにまつわる冒険のようなものです。私を探し、私を作り、そして、私を忘れます。

8　私という冒険

Q　本当の自分はどこにいるのでしょうか。やりたいことをやって生きているのに、何をやっても本当の自分のような気がしないのです。

「本当の自分」という言葉を聞くと多くの人は「今の自分は本当の自分ではなくて、今とは違うことをやっている自分が本当の自分に違いない。だから、自分が本当にやるべきことを探そう」というふうに考えているのではないでしょうか。いわゆる「自分探し」です。

人生のある時期、自分のアイデンティティを確立するためにこの世界の中でなすべきことを探すのは大切なことです。でも、それが見つかればハッピーエンドで終わる、と考えてしまうと期待外れになるでしょう。

あなたが探している「本当の自分」とは、今は本当の自分ではなくて、いつか本当の自分になる、という意味での自分ではありません。分離の夢から覚めたときに世界のすべてが自分だとわかる、そのスピリットとしての自分、大いなる存在としての自分のことです。つまり「自分探し」の本質は目覚めの探求、悟りの探求のことなのです。

スピリットとしての自分に気づいたとき、「自分はやりたいことをやっている」という思考も浮かんでこなくなります。

そのとき、自分はこれまでも、そしてこれから先も、いつでも一番適切なこと、宇宙が自分にやってほしがっていることをやっているのだ、とわかります。心の深い部分にいつも世界への信頼感があることに気づくのです。

Q　自由意志はあるのでしょうか、それともすべては決まっているのでしょうか。ゆだねること、サレンダーすることが大切だと言われるけれど、自分の意思でしなければいけないこともあると思うのですが。

自由意志はあると言ってもいいし、ないと言ってもかまいません。その二つは同じことです。分離の夢の中では、それぞれの人がそれぞれの意思を持って行動しているようにしか見えません。自由意志があるとしか思えないのです。

分離の夢から抜け出すと、そもそも意思を持つ個人は存在せず、すべてのことが宇宙の意思にしたがって起こっているということがわかります。すると、まるで人生という重荷を降ろしたかのような安堵感を感じます。人生から深刻さがなくなるのです。

この質問が出るということは、あなたは今分離の夢から抜け出すプロセスに入っているのでしょう。

何かをやりたくなったら、それが自由意志なのか、もともと決まっていることなのか、などと心配せず、自由にやってみて下さい。十分やり尽くすと、それをやっている自分がいる、という感覚が小さくなってくるときがきます。

すると、サレンダーしたりしなかったりする誰かがいるわけではないことがわかります。「自分の意思」というのも単なるストーリーにしかすぎないことがわかります。

そのとき、サレンダーすること、手放すことの本当の意味がわかるのです。

Q　自分がやりたいことをやるのはいけないことのように感じてしまいます。

あなたが何かをやりたくなるのは、宇宙がそれをあなたにやってほしいと思っているからです。それをやることで体験するすべての感情を感じ取って、味わってほしいと思っているからです。

そうすることであなた自身が癒され、その結果あなたの周囲の人たち、つまり世界全体が癒され、目覚めていくからです。

それなのに、なぜか悪いことをしているかのように感じるのは、多くの人が、ありのままの自分を愛することで自分の本当の姿に目覚め、自分が持っているパワーに気づいてしまうことを恐れて、自分を抑圧しているからです。目覚めてしまうことを恐れているからです。

あなたは周囲の人たちの恐れのエネルギーを無意識に感じとって、自分を大切にすることはいけないことかのように感じてしまうのです。

しかし、今は宇宙全体が目覚め始めているときです。次のステップに進み始めているときです。やりたいことをやるのはいけないことだ、という集合的なストーリーを手放して、自分の本当の姿を思い出す道を少しずつ進んで下さい。それが、すべての人の幸福につながっていきます。

Q　みんなが自分のやりたいことをやったら社会が混乱してしまうのではないですか。

確かに、分離の夢の中ではそうかもしれません。

そのため、分離の夢を信じている人たちが自分勝手に行動して社会が混乱しないように、法律を初めとする様々な規範やルールが作られています。世界というゲームのルールが定められているのです。

しかし、やがて私たちが分離の夢、私という夢から覚めて、すべての人が自分自身なのだということがわかると、他者との関係が変わります。他者は自分自身なのですから、他者に対して悪いことはできなくなります。ルールがなくても、自然と他者を尊重し、互いに調和しあった関係ができるようになるのです。

本当の人間関係が作れるのは、私はいない、関係するべき他者は存在しないとわかったときです。

Q　私は自分をきちんと持てていないような気がします。このままでは悟れないのでしょうか。

日本人の多くははっきりとした自我を持っていないようです。それは日本語が主語をあいまいにしたままでもいい言語だということと関係があるのかもしれません。なので、自分がそうだからといって心配はいりません。

そもそも自我は実体があるものではなくある種の思い込みで、この世界を生きていく仮のインターフェースにしかすぎません。しっかりとした自分を持っているように見える人のほとんどは、スピリットとしての自分を抑圧して、小さな自分という思い込みを強固に持っているだけです。

自分の本当の気持ちに気づく作業（心理的な癒し）と、大いなる自分に気づく作業（目覚めの探求）の両方を少しずつ行なって下さい。自分の感情をありのまま認められるようになると、大いなるものの感覚に落ち着いていられるようになります。大いなるものの感覚に落ち着けるようになればなるほど、さらに深い部分に残っていた感情を受け止められるようになります。一方が深まれば他方も深まるという好循環が生まれるのです。

こうして目覚めのプロセスが深まり、全体としての自分、スペースとしての自分という感覚がわかってくると、全体に支えられた自我とでも言うべきものが自然と表れてきます。スピリットを表現する媒体としての私が、努力することなく育ってきます。私はいないのだとわかりながら私を演じているような感覚になってきます。

面白いことに、自我をしっかり持っている人（自分という思い込みが強固な人）と私はいないとわかっている人は、世界の中で自然に振る舞えるという点で、外から見ると同じように見えるのです。

Q　死にたくなるときがあります。

そんなときは、あなたの内面でとても大きな変化が起こっているときです。前にもお話ししたように、目覚めのプロセスは死と再生のプロセス、つまり、古い自分が死んで新たに生まれ変わるプロセスです。この死は心理的な死なのですが、それが実際に起こり始めると本当に死んでいくかのような恐れや抵抗を感じます。

この死と再生のプロセスに関する情報はまだ少ないので、自分の内面で大きな変化が起こり始めているのに、そのことに気づかなかったり、それをどう扱っていいのかわからなかったりして、もうどうしようもないという絶望感にかられてしまい、肉体を終わりにするしかないと思ってしまうのです。

肉体を終わりにしなくても、心のほうを終わりにする、つまり、自分という夢から抜け出して、まったく新しい感覚で生きていくことができます。生きている間に心理的に死ぬことができるのです。

死にたいほど辛くなっている自分自身をありのまま許してあげて下さい。死にたいと考えてもいいのだ、と思ってみて下さい。その死にたい気持ちの奥にある苦しさや怒り、悲しみといったすべての感情をできるだけありのまま感じとってみて下さい。「感情を声に出して言ってみる（P

29）」エクササイズをやってみて下さい。

死にたくなるときはとても大きな飛躍のチャンスです。今起こりつつある変化はこれまであなたが想像もしたことのない変化です。今のあなたの思考の枠組みを超えたところにある、今はまったく思いもつかない可能性が存在しています。なので、今どれだけ絶望していても大丈夫です。

どちらにしてもこの肉体はいつか必ず死んでしまいます。ならば、そんなに急いで死ななくても、これから自分に起こる可能性のある信じられない変化を味わってほしいなと思います。

９　悟りを超えて

悟りとは悟りのことを忘れること、悟りも目覚めも一つのストーリーだとわかることです。そのとき、すべてはもともとありのままで許されていることがわかります。ありのままという言葉のもっとも深い意味を理解します。

Ｑ　考えないと日常生活が送れなくなりませんか。

もちろん、明日のスケジュールや会社の資金繰り、数学の方程式などは考えないわけにはいきません。でも、普段考えていることの９割以上は必要のない考えです。

もうすでに終わったことや、これから先起こるかもしれないことを心配しても、エネルギーを無駄に消費するだけでいいことは何もありません。過去から教訓を得ることも大切ですが、それは一度考えればいいだけなのです。

また、思考のない状態はぼーっとした状態とは違います。特定の何かにとらわれることなく、起こっていることすべてに鋭敏に気づいているような感覚です。とてもクリアな意識状態なのです。

一般的にぼーっとしていると言われるのは、たくさんの思考が流れているのに、それに気づいていない状態のことです。

感情をありのまま認めていく作業、自分をありのまま愛する作業を深めていくと、自然と思考が減ってきます。頭の中が静まってきます。すると、無意識に考え続けることでどれだけ多くのエネルギーを使っていたのかということに気づいて驚くかもしれません。疲れやすくなるのも当然なのです。

また、日常生活での行動もほとんど考えずにやれるようになってきます。考えないでいるときに、その場に一番ふさわしい行動が自然に起こることがわかってきます。そのとき、宇宙と一つになっているからです。

とはいっても、本当はいつでも宇宙と一つだし、いつでも一番ふさわしい行動をしているのだ、という視点も忘れないようにして下さい。

Q　考えなくなってくると過去も未来も夢のように思えてきて不思議です。

目覚めのプロセスが深まってくると、過去も未来も思考が作り出したストーリーにすぎないことがわかってきます。過去というのは昔起こった（と思っている）ことについての今現在の思考です。未来というのは将来起こるかもしれない（と思っている）ことについての今現在の思考です。

感情の浄化が進み、癒しが深まってくると、考えること自体が少なくなってきます。余計なことを考えずに生きていけるようになります。過去と未来に関する思考もなくなってくると、そもそも「過去」とか「未来」というものも単なる思考、単なるストーリーにすぎず、実体はないのだ、ということがわかります。時間は思考が作り出したまぼろしなのです。

実際の感覚としては、過去も未来も夜見る夢のような感覚がしてきます。昔読んだ小説のような感じがしてきます。すべてが映画を見ているような感覚と言ってもいいでしょう。小説や映画は楽しいときもあれば、悲しいときもあります。でもそれを本当の人生だと勘違いすることはありません。

現実の人生もそれと同じ感覚で感じられてきます。人生から深刻さが消えていくような感覚があります。

エクササイズ　世界を映画のようにみる

意識的に深い呼吸を何回か繰り返して心身をリラックスさせましょう。少しぼんやりとした意識状態に入ります。

今読んでいる本から顔をあげて、部屋の中にあるものをよく見てみます。机、パソコン、カーテン、窓、エアコン、コップ、などなど。たくさんのものが目に入っているように見えていると思います。では、今見えているものすべてから「机」「パソコン」などの言葉を外して、今目に入っているもの、そのものを見て下さい。今あなたが実際に見ているのは単に様々な色のきらめきだけなのだ、ということを意識して下さい。

例えば、カーテンとその横の壁が見えているとします。「カーテン」「壁」という言葉を外して見てみると、そこに本当に見えているものは、色の濃淡だけです。

カーテンがグレーで壁が白だとしたら、グレーの部分があるところで終わり、そこから白の部分が始まっています。色の境界線があるだけです。

本当は色の濃淡があるだけなのに、思考は、そこにカーテンがあって、その横に壁がある、と認識しているのです。

映画館で映画を見ているとき、実際に見ているのはスクリーンの上を移動していく様々な色のきらめきだけです。今、壁とカーテンを見ているのも、空（くう）というスクリーンの上に様々な色が映し出されているだけなのだ、ということに気づいてみましょう。

この感覚がわかりにくい方は眼球（目の玉）を意識してみて下さい。普段、私たちは外側にある客観的な世界を見ていると思い込んでいますが、実際に見ているのは目の網膜に映っている光だけなのだ、ということを思い出して下さい。

Q　非二元とか悟りと言われてもよくわからなかったのですが、違う表現で同じことを言っている人はたくさんいるような気がしてきました。

非二元、悟り、覚醒、ワンネス、最近のスピリチュアルではこんな言葉をよく聞きますが、これらは新しい概念ではなく、人間存在の根源に関する事柄で、古くからさまざまな表現で私たちの心に届いています。

例えば、非二元、ワンネスと言われてもよくわからないときは「すべてのものとのつながりを意識しながら生きる」という表現ならどうでしょうか。「私はいない」「個人的なものはない」というと難しく聞こえますが「生かされている」という表現なら、何か感じるものがありませんか。

場合によってはその言葉を発した人自身も意識していないまま、宇宙がその人を通して存在の根源に関する情報を世界に広めているということもあります。

特に最近になって、若い人たちが触れることの多い音楽の歌詞、映画や漫画、ビデオゲームのストーリーなどの中に目覚めのプロセスを促進する内容、集合的無意識に共鳴するエネルギーが含まれていることが多いようです。宇宙全体の目覚めのプロセスが進みつつあることの表れだと思います。

Q　これまでの話を聞いていると、目覚めとか悟りというのはとてもシンプルな事のような気がしてきました。

その通りです。あなたは今、とても大切なことに気づき始めています。

様々なスピリチュアルな教えの中には目覚めや悟りを複雑な体系に仕立て上げているものがあります。そうすれば、何か凄いことをやっているような感じがして、自分が特別な人間になったという感覚が得られやすいのです。

しかし本当の悟りとは、あなたが感じているようにものすごくシンプルなことです。今そうなっていることをそうなっているまま見るということ。自分が本当に感じていることをそのまま感じることを許すということ。今そうなっていることをそのままにしておくということ。

それは特別な何かになることではなく、特別なものは何もないとわかることです。自我は特別でないことを恐れます。自分が他とは違うという思い込みが終わることを恐れるのです。


ありのまま感じるという事はとても大きなパワーを持っています。感じていると、まず癒されていなかった人間としての痛みが浮上してきます。その次に自分が人間であるという思い込みが緩んできます。自我はこれをとても恐れるのです。

しかし理解が深まってくればくるほど、そもそも自我というのは思い込みの寄せ集めでしかない、単なるストーリーでしかないということがわかってきます。そもそもの最初からすべてが光そのもの、スピリットそのものであるということを思い出してきます。シンプルさの中に、特別なものは何もないという感覚の中に、安心していられるようになるのです。

あなたはいつでも真実を見ています。今見ている世界すべてが、あなたが恋い焦がれるほど求めている真実そのもの、スピリットそのもの、光そのものなのですが、すべてがそれで、それ以外のものが何もないので、それを見ているということに気づかないだけなのです。

自我としての私たちは真実に気づきたくありません。気づいてしまうと、今までの人生何だったのかとむなしくなってしまうからです。でもそれもまた一時的なものです。その先に、別次元の満たされる感覚、すべてが適切であるという安心感が、たしかにあります。

Q 本当に自分がいないような、世界が夢のような感じがするときがあります。いろんな本で読んだことを自分が勝手にイメージしているだけなのではないか、これでいいのだろうか、と考えてしまいます。

自分が感じることをできるだけ信頼して下さい。

そう考えるのは真実に触れてしまうことの恐れから来ています。私という夢が終わってしまうことの不安から来ています。

でも私はもともといないのですから心配はいりません。私だと思っているものは、一時的な思考の流れ、感情の流れだけなのです。

これでいいのだろうかという思考すら、やってきては去って行くエネルギーの流れにすぎない、ということに気づいておいてください。どんな思考も感情も一時的ではかないものです。

同じように、一見確固たるものに見えるこの世界のすべてのものも、いつかは消えていくはかないものです。永久に続くものは何もありません。「これもまた過ぎ去る」と言う言葉を思い出してください。

すべてのものがはかない、ということを本当に理解したとき、つまり、私はいない、本当は何も起こっていないということを思い出したとき、理由のない安心感がやってきます。

Q　本当のことがわかった感じがして、これでもう大丈夫だと思ったのに、また苦しくなることが多いです。どうしてなのでしょうか。これはいつまで続くのでしょうか。

この、行ったり来たりする感覚は目覚めのプロセスを体験している方ほとんど皆さんが体験するものですから、心配はいりません。

「わかったぞ！」という体験は一つの体験にしかすぎません。体験には始まりがあり、やがて終わっていきます。どんな体験もはかないのです。

また、体験があるということは、それを体験する私がいるということです。目覚めというのは、その「私」という夢から覚めることです。

そういった「わかったぞ！」という体験、小さな悟り体験を繰り返していくうちに、私という感覚が本当に緩んでいきます。私という夢が単なる夢なのだ、ということが本当にわかってきます。理解が浸透していく感じがしてきます。

すると、自我は死にたくないので、最初のうちは強く抵抗します。思考がぐるぐる回り続け「これは私が想像しているだけに違いない」とか「毎日忙しいのだからこんなことを考えていても仕方ない」と考えて、できるだけ本当のことに触れないように頑張り続けます。

とはいっても、自我には本当は実体がなく、単なる思考の寄せ集めにしかすぎないので、やがて、本当のことが自然とわかってくるときが来ます。

これは峠を越えて行くような感覚です。最初のうちは登り坂です。大きなエネルギーが必要で、ときには足を滑らせて後ろに下がってしまうこともあります。

でも、やがて峠を越えると下り坂になります。もう後ろに引き戻されることはなく、自然と前に進んでいく感じがしてきます。

ロケットの打ち上げにたとえられることもあります。

地球から宇宙に向けてロケットを打ち上げるときには、地球の重力に逆らって上昇していくために、大きなエンジンを使って膨大なエネルギーを消費します。でも、ある程度上昇して地球の重力場から離れて行くと、もう大きなエネルギーは必要なくなり小さなエンジンだけで進んでいくことができるようになります。

この、峠を越えるまで、地球の重力場を離れるまでの最初のうちが特に大変なのです。それまでは、頑張って瞑想したりワークしたりして、なんとかスピリットとの一体感を感じ取ろうと努力します。でも、ある地点を越えると、努力しなくても沈黙に引き込まれるような感覚、自然と今ここにいられるような感覚が生まれてきます。これは、ある瞬間に峠を越えたとはっきりわかるものではなく、徐々に移行していくような感覚です。

思考と一体になっている時間が普通で、ときどき思考の世界から離れていた、という感覚から、沈黙が普通で、必要なときだけ思考の世界に入っていく、という感覚になってきます。

今自分がどちらの状態にいるのかを意識しておくことはとても役に立ちます。

今は行ったり来たりする感覚があるとしても、プロセスが深まってくるにつれこの峠を超える地点は必ずやってきますので、焦らずに自分に合った実践を進めて下さい。

そして、峠を超え、理解が深く浸透してくると、そもそもの最初から自分はスピリットそのものだったのだとわかるので、どれだけ時間がかかったのかは気にならなくなっています。

Q　自分の内側、胸のあたりが空っぽになるような感覚を感じることがあります。ちょっと楽になるような、でも怖いような不思議な感覚です。

人間とはその中を存在のエネルギーが流れるパイプのようなものです。ほとんどの人はパイプの内側にゴミがこびり付き流れが悪くなっています。どんなゴミがどのくらいこびり付いているのか、つまり、どんな思い込み、どんなストーリーをどの程度信じ込んでいるのか、というのがその人の性格と呼ばれるものです。

感情の浄化が進み、パイプの内側のゴミが取り除かれてくると、つまり、エネルギーが自然に流れるようになってくると、自分という感覚が変化してきます。

それまでは内側のゴミ＝自然の流れに対する抵抗感を自分だと思い込んでいたのが、パイプの内側の空間そのもの、エネルギーが流れていくスペースそのものが自分だったのだ、とわかってきます。そのとき、自分の内側が空っぽになるような感覚を感じるのです。

その空っぽさをよく味わって下さい。できれば、その空っぽさを意識的に広げていって下さい。

本当のあなたはその空っぽさ、その空間、その広がりそのものです。その無限のスペースの中でこの世界のすべてが展開しています。その広がりの中であなたや私の身体も活動しています。

空っぽさはすべての存在をありのまま許してくれる愛そのものです。

今あなたのいる部屋を想像して下さい。部屋は周囲の壁とその内側の何もない空間で構成されています。その空間は部屋の中にあるものを選り好みせず、すべての存在をありのまま包み込んでいます。「Aさんはいてもいいけど、Bさんは入れてあげないよ」などとは言わないのです。

その空っぽさの感覚と共にいると、まだ癒されていなかった痛みや感情が愛を求めて、承認を求めて浮上してきます。それらをただ感じ取り、流していくと、さらに自分が、そして世界全体が、空っぽになっていくような感じがします。すべては空（くう）である、本当は何も存在していない、という言葉の意味が実感としてわかってきます。

見かけ上、多様性に満ちたこの美しい世界は、本当は空っぽで何もないのです。

エクササイズ

自分がスペースであることを意識する

意識的に深い呼吸を何回か繰り返して心身をリラックスさせましょう。少しぼんやりとした意識状態に入ります。

私たちは普段、世界の中に自分がいる、と思い込んでいます。世界とは独立した自分がいて、世界を見たり聞いたり感じたりしていると思い込んでいます。

見ていること（視覚）に意識を向けてみましょう。

私たちは二つの目で外側の世界を見ていると思っています。でも、それは本当でしょうか。

一度、本から顔を上げて世界をよく見てみましょう。

そして、今見えている世界の一番外側をぐるりと意識してみて下さい。目玉を上、右、下、左と少しずつ動かして、視野の周囲をぐるりと意識してみます。

二つの目から外の世界を見ていると思っていますが、実際にそこにあるのは一つの大きな丸ではないでしょうか。

その大きな丸の中に世界のすべてが入っているのがわかるでしょうか。大きな空間の中に世界のすべてが存在しているのがわかるでしょうか。
自分とは世界のすべてを包み込んでいるその空間であることを意識してみましょう。
そのとき感じる感覚をそのまま味わってみましょう。

Q　すべて空っぽだとわかったら何をしてもしょうがないというような虚無主義（ニヒリズム）におちいりませんか。

分離がないこと、すべては思考が作り出したストーリーであること、といった物事の本質が見え始めると、気持ちが楽になる一方で、むなしくなり、何をやってもしょうがないという気分になることがあります。しかし、それも目覚めのプロセスの途中に体験する一時的なことです。むなしさがやってきたら、それもありのまま感じて下さい。やってきてはそのうち去っていきます。

仏教に「色即是空空即是色（しきそくぜくうくうそくぜしき）」という言葉があります。

「色即是空」とは色の世界（形の世界、現象世界）は空っぽである、ということです。真実に目覚め始めると、すべては空っぽで何ものにも実体はないのだ、ということに気づき始めます。

でも、それは目覚めのプロセスの半分でしかありません。この言葉の後半「空即是色」が残っています。その空っぽさ、その沈黙、そのスピリットそのものが、信じられないくらい美しく神秘に満ちたこの世界になって表われているのです。

目に見えている世界は空っぽで本当は何もないけれど、その何もなさがこの世界となって表現されています。

空っぽさは、全く何もないわけではなくて、存在のエネルギーに満たされているのです。

自分の内側の空っぽさ、スペースの感覚をありのまま感じていると、スペースとそのスペースに包まれているものとの区別も見かけ上のものであることがわかってきます。抑圧していた感情も、身体の緊張も、パイプの内側のゴミも、すべてが光の表れだとわかってきます。問題は何もないことがわかってきます。

毎日の何気ない日常が、そのまま、あなたが焦がれるほど探し求めているスピリットの世界、神秘に満ちた世界だとわかってくるのです。

Q　私は若い頃からこの本に書かれていることがわかっていたような気がします。

これまでの人類の歴史の中では、真の目覚めのプロセスに入っていく人はごくわずかで、それも、物質的な世界を十分に体験して、それでも何かが足りないと感じ始める人生の後半にこの道に入っていく人がほとんどでした。

ところが、人間の意識の進化が深まり、地球全体が目覚め始めている今、特に意識的な探求をしているわけでもないのに、若いときから自然にこの道に入っていく人が増えています。

そんなあなたは、まだ古い思い込みに支配されている地球の重たい重力場に違和感を感じてしまうでしょう。この「人間ゲーム」に完全に没頭できないのです。

でも、自分が他の人と違うことを心配したり恐れたりする必要はありません。あなたのような人がこれからの世界を変えていくのです。

多くの人がこだわっていること、～でなければいけないと考えていることすべてが、単なる思い込みであること、単なるストーリーであること、つまり、単なるゲームなのだとわかっておいて下さい。

ゲームのルールはルールとして尊重しながら、思い込みにとらわれている人の気持ちも尊重しながら、少しずつあなた自身を世界に向けて正直に表現して下さい。ゲームの内側から少しずつルールを変えていくような感覚です。

それを軽やかにやっていくには、目覚めた視点、すべてはもともとありのままで大丈夫なのだという視点、何がどうなっても大丈夫なのだ、という視点が必要です。

未来に理想の世界があるのではなく、今すでに調和の中にあることを意識しながら世界を変えていく作業を行うことができます。

何も問題はない、とわかりながら問題を解決するための行動を行うとき、その行動は一番効果的になるのです。

Q　人と関わる感覚がどんどん変わってきている感じがします。これからどんな気持ちで人と関わればいいのでしょうか。

まず大切な事は、どんな気持ちで関わればいいのかと考える必要はないということです。あなたが自分自身に正直になり、真実への理解が深まってくれば、頭で考えなくてもそのとき一番適切な行動が自然に起こります。あなたがその行動をしているわけではなく宇宙が行動しているだけだからです。

私たちは、それぞれの人が自分個人の意思を持って互いに関係を持ちながら生きていると思い込んでいます。少しでも幸せを感じられるように、もっとお金を稼いだり、人から認められたり、人間関係を豊かにしようして頑張っていると思っています。

しかし理解が深まってくると人間関係の見え方が変わってきます。実はすべての人が目覚めようとしてもがいているだけなのだ、ということが見えてきます。私たちが生きているのはお互いを目覚めさせるため、お互いに互いの目覚めていない部分を相手に見せるために生きているのだということがわかってきます。

私たちは目覚めるために生きているのです。すると、どんなことが起こってもそれは目覚めるきっかけなのだということがわかり、生きることが随分楽になってきます。

やがて、さらに理解が深まってくると、そもそも個人は誰もいないのだ、ということがわかってきます。ただスピリットだけがあり、そのスピリットが様々な人の姿をとって目覚めるというゲームをしているだけなのだ、ということがわかってきます。

本当はみんながもともと目覚めている、みんながもともと光そのものなのに、今はまだ目覚めていなくていつか目覚める、というゲームを楽しんでいるだけなのだということがわかってきます。

そのゲームをゲームだとわかりながら生きることができると、人生を最も深く味わい楽しむことができます。

Q　私たちはそもそも何のために生きているのでしょうか。

最初のほうでもお話ししたように、スピリチュアルの探求を始めたときの模範解答は「目覚めるために生きている」です。人生で起こるすべてのことが自分を目覚めへと導いてくれるために起こっているのだ、とわかってくると、どんなことが起こってもそれを受け止めやすくなります。

しかし、理解が深まってくると、目覚めるために生きている、という教えも一つのストーリー、目覚めが深まっていくプロセスの途中で必要だった道具にすぎないことがわかってきます。

人生にはそもそも何の目的もない、行くべきところはどこにもない、ということがわかってきます。

そのときに大きなむなしさを感じたり、方向性を失ってどうしたらいいのかわからないような感覚を感じることがあります。そんなときは、そのむなしさすら分離の夢から覚めるために光を当てる必要のある感覚だということを思い出して下さい。

やがて、人生には何の目的もない、という言葉も単なるストーリーなのだと気づきます。

目覚めているとか目覚めていないというのも思考が作り出した区別にしかすぎないことがわかってきます。目覚めた人と目覚めていない人がいるわけではなく、目覚めたと思っている人と目覚めていないと思っている人がいるだけなのです。

この世的な探求が夢であるのと同じように、スピリチュアルな探求も夢だとわかってきます。

ここまで私がお話ししてきたことも、すべて一つのストーリーにしかすぎないということがわかってくるのです。

すると、人生の目的や生きる意味ということを考えなくても、自由に生きていけるようになります。

Q　みんなが目覚めると、いつか理想の世界がやってくるのでしょうか。

今の世界には問題があって、いつか問題のない理想の世界がやってくる、と考えていると、また分離の世界、ストーリーの世界に閉じ込められてしまいます。目覚めるということは「理想の世界」も「問題」もストーリーにすぎず、頭の中の概念でしかないとわかることだからです。

今、宇宙全体が目覚め始め、世界のあり方が深い部分から変わりつつあります。しかし、毎日楽しいことだけが起こる天国のような世界がやってくることはないでしょう。

人間の目覚めのプロセスは肉体が死ぬまで続いていくように、世界全体の目覚めのプロセスも世界が終わるまで続いていくはずです。

始まりがあるものには必ず終わりがあります。あなたも私も必ず死にますし、現代の文明社会にもいつか終わりがくるでしょう。この地球にすら最後のときがくるはずです。どんなものにも終わりがあって、すべてははかない夢のようなものです。苦しみも喜びも同じようにはかないのです。

目覚めるということは、この当たり前の事実を思い出すことです。そのとき、このありのままの世界がスピリットそのものの表れであることがわかります。このありふれた日常が、同時に聖なる世界であることがわかるのです。

すべては夢だとわかりながらその夢を意識的に生きていく、すべてが芝居だとわかりながらその芝居を意識的に演じていく。目覚めた人生とはそんな感覚です。

そのとき、ただ生きているだけで満たされる感覚、ただ生きているだけでいいのだという安心感が感じられます。

そう、いつでもあなたのままでいいのです。

光の中を歩む

あなたは世界のすべてとわかちがたくつながっている。
何も心配せずにただあなたのままでいてもいい。
あなた自身が生命であり神であり光なのだから。

それが見えなくなって苦しみを感じているとしても大丈夫。
その苦しみさえ光そのものの表れなのだから。

どうしてもそのことがわからないときは、
言葉をはずすこと。

言葉をはずして言葉の背後にある沈黙に気づいたとき、
それまで眠っていた存在の叡智が働き始める。
自分と世界の本質についての理解が浮上してくる。

こんなシンプルなことを忘れていたなんて信じられないだろう。

ただここにあるということの神秘。
世界が存在しているということの驚異。

あなたはこの光を世界に届ける媒体となる。
世界という夢の中を夢とわかりながら軽やかに踊り続けるダンサーになる。
光と闇を一つに結ぶトリックスターになる。

ただ在るということのパワー。
沈黙の計り知れないエネルギー。

光の中をまっすぐに歩む。
道なき道を歩む。
歩む私なく歩む。

光の中を。
光とともに。
光として。

少し長いあとがき～「中野真作」というストーリー

疎外感

子供の頃からずっと世界に対して疎外感を感じていました。今思い出す子供の頃のいくつかのエピソードは、皆その疎外感の表現か、その感覚を軽くしようとする衝動の表れでした。

小学校入学の前後だったと思います。狭いところに入るのが大好きで、実家の商売の関係で倉庫にあったダンボールの空き箱を自分で組み立て、その中に入ってじっとしていた記憶がありま す。母の子宮の中のような安心感がありました。

広い倉庫の中は格好の遊び場でした。たくさんの荷物が積み上げられた倉庫の中を探検する感覚は、私の無意識の探求の始まりだったのかもしれません。

小学校の低学年頃、プラモデル作りに夢中になっていた私は接着剤の香りに妙に惹かれるようになりました。トイレで香りを吸っていたのを父に見つかりひどく怒られた記憶があります。よほど満たされない思いがあったのでしょうか。

同じ頃、自分は馬鹿なのではないかという強迫観念にとらわれていました。誰にも話せずにいたその感覚を思い切って母方の祖母に話せたときには少しホッとした記憶があります。

小学校6年まで毎日のようにおねしょをしていました。涙が出せない分を下から流していたのだとわかったのはずいぶん大人になってからでした。

そして、小学校6年のとき、学校で担任の先生との間で大きなトラウマとなる出来事があり、それ以降、人前では緊張して吃ってしまい、何も話せない人になっていました。

一瞥体験

自分はどこかおかしいのではないかと感じていたせいか、大学に入ってからは専門の経済学はそっちのけでフロイトをはじめとする心理学関係の本を読み漁るようになりました。

フロイトの言う「無意識」という考え方を知ったとき、自分のことがよくわかったような気がしました。ただ、フロイトによれば、無意識を意識化すれば、つまり、自分でも忘れている原因に気づけば症状は消えるはずなのですが、私が吃るきっかけとなった小学校6年のときの出来事を思い出してもまったく変化がなかったので、おかしいな、と思っていました。

友人も少なく人付き合いが苦手だった私は卒業時に一般企業に就職するということは考えられず、社会をさけるように大学院に進みました。文科系の大学院まで進んでしまうと、将来は大学の先生になるしか生きる道はないと思い、修士1年のときはものすごく勉強しました。今思えば、そうすることで自分の内面を見ないようにしていたのです。

1年の終わり頃には心身の調子がおかしくなり、何かが内側で溢れ始めました。それから半年余り過ぎた2年の冬、子供の頃から心の奥に閉じ込め続けていたエネルギーが抑えきれなくなって爆発してしまいました。それまで何の探求もしていなかったのに、いわゆる一瞥体験と呼ばれるような経験、この世界を越えたものを一瞬垣間見る体験が起こってしまったのです。

自分が、そして世界がここにこのような姿で存在していることが不思議でたまりませんでした。目に見えるすべてのものが自分自身なのだということがわかってびっくりしていました。でも、周囲の誰もそのことを知らない様子なのが信じられませんでした。

これで自分は助かったのだ、という思いが生まれた一方で、それですべてがわかってすっかり楽になったわけではなく、それ以前とは質の違う苦しみが始まりました。

内側への爆発

それまでの私は自分の本当の感情や欲求をあまりにも無視して周囲の期待に合わせて生きていたので、自分というものをまったく持っていませんでした。自分が何を感じているのか意識したこともなかったのです。

この体験のおかげで自分の中に閉じ込めていた感情を受け止めるスペースができ、人間としての自分を癒す作業がやっと始まりました。

普通、爆発とは外に向かって爆発するものです。でもこのとき私に起こったエネルギーの爆発は内側への爆発でした。

人間は成長のプロセスの中で一度自分と自分以外の間にしっかりとした境界線を作る必要があります。自我を形作るということです。そのときに自分の内側でも意識と無意識の間にある程度しっかりとした境界線を作る必要があるのです。そうしておかないと無意識の領域にある様々なエネルギーが意識に上ってきて日常生活を混乱させてしまうことがあります。

自分をものすごく抑えている人が閉じ込めているエネルギーを外側に向かって爆発させると、とても扱いにくい人になったり、社会的な問題を起こしたりします。私の場合はそのエネルギーが内側に向かって爆発してしまい、意識と無意識の間の境界線を破壊してしまったのです。

それまで自分の中にそんなものがあるなんて思ったこともなかった様々な感情やエネルギーが意識に上ってくるようになりました。特に無意識のより深い部分、つまり集合無意識の内容が次々と意識に上ってくるような感覚があり、貧弱な自我がそのエネルギーに溺れてしまいそうな感覚がありました。

自分が完全に崩れてしまわないように、一日中、感じたことを所構わずノートにメモしていました。毎日のようにおどろおどろしい夢をたくさん見るので、そのノートは夢日記としても使っていました。特に印象に残っているのは水が溢れてくる夢です。これは無意識の領域が意識に溢れてくる夢でした。

今思えばよく本当におかしくなってしまわずにこのプロセスを通過できたなと思います。でもこの経験を比較的若いときに通過したことが、その後の私の生き方を決定づけたと言っても過言ではありません。

私は内的プロセスの最初にもっとも深い部分の光を一瞬だけ垣間見せてもらえました。このことは今の仕事に役立っています。

癒しや目覚めの探求を始めると、一番大切なものは内側にあるということを知って、内面の探求が始まります。ところが、内的探求の最初に見えてくるのは、それまで無意識の領域に閉じ込めていた見たくない感情なので、一時的に前より苦しくなってしまうことがあります。そのため、自分のやっていることは間違っているのではないかと感じ、探求そのものをあきらめてしまうこともあるようです。

そんなとき、私の役目は、その方向で間違っていないのですよ、とお伝えすることです。苦しくなってきたということは、本当の癒しが始まっていることの表れであって、とても意味のあることなのです。

微妙な違和感

一瞥体験のあとの一番大変な時期をなんとか通過した頃、深い呼吸を使って感情を解放するブレスワークというセラピーのことを知り、月に1回くらいのペースでセラピーを受けるようになりました。

セラピーでは毎回泣いたり喚いたりして、自分がどれほど感情を抑えていたのかということに気づいて驚きました。それまでの自分は息をしていなかったのではないか、と感じるくらい呼吸が深くなってきて、それにつれて生きる感覚もずいぶん楽になってきたのです。

その後、通常の修業年限の2倍の4年かけてなんとか修士課程を終え、一般企業に就職しました。5年間のサラリーマン生活の間もブレスワークや箱庭療法を中心としたセラピーを受け続け、自分の癒しを進めていきました。そして、会社を辞める半年ほど前にはプロセスが一段落し、ここで自分のやることは終わったな、という感覚が突然やってきました。

5年勤めた会社を辞め、ちょうど広まり始めていたインターネットの世界に飛び込んだのが1996年の春です。まだ個人のホームページが少なかった時代に、ネットを通して生まれた新しい人とのつながりと、そこで感じたインターネットそのものの大きな可能性は、今の仕事の大切な基盤になっています。

翌年には「スペースまほろば」の活動を開始。自分の苦しみをなんとかしようとしてがむしゃらにやってきたことが、いつのまにか仕事になっていました。

それから15年以上、セラピーの仕事を続けながら、自分自身の癒しと目覚めのプロセスもさらに深まっていきました。感情に気づき、手放していくことで分離の夢が緩み、自分を含めたすべてのものがスピリットそのものであるということが深く実感されてくる感覚がありました。

でも、ますますはっきりとわかってきた、という感覚がある一方で、どこか微妙な違和感があることにも気づいていました。

ジグソーパズルのピースが徐々に埋まってきて、もうほとんど全体像が見えてきたのに、ちょうどパズルの真ん中あたりにまだ一つだけはまっていないピースが残っていて、一番大切な部分がよく見えないような感覚があったのです。

二度目の爆発

2014年の夏、突然腰痛がひどくなり、動けなくなりました。2、3ヶ月ほどはほとんど横になったままで過ごしました。仕事ができなくなって大変なことになったと思う一方で、不思議なことに、心のどこかで深く安心していました。この体験を通して自分の一番深い部分とやっとつながることができた、ジグソーパズルの最後のピースがはまった、という安心感があったのです。

皆さんにいつもお話ししているように、そのときの身体の感覚をありのまま味わっていると、もう信じられないほどの勢いで涙が出てくるようになりました。ほとんど動けなかった2、3ヶ月の間は、目が覚めている時間の半分くらいは泣き続けていたような気がします。

20代の頃にブレスワークなどのセラピーを通してずいぶん感情の解放をしていたつもりだったのに、50歳が近づいて、これほどの感情が無意識に閉じ込められていたのかと気づいたのは、驚く一方で、やっぱりそうだったのか、という感覚もありました。

私はものすごく寂しかったのだ、ということに初めて深く気がつきました。

20年以上前、妻と出会って間もない頃に「あなたは寂しくないの」と聞かれて、寂しいという感覚がよくわからなかったことを思い出します。

私は子供の頃から深い孤独感を感じて生きていたのに、そのことにまったく気づいていなかったのです。

私は、人が一人の人間として成長していくために必要な情緒的な栄養分を実感したことがありませんでした。大切なものがまったくないと、それがないということに気づけません。

母親は懐かしい存在だ、とか、家庭とは安心できる場所だ、という言葉の意味が全然わかりませんでした。妻からよく話を聞いていた、母親がいなくて寂しかったとか、母親が帰ってきて嬉しかった、というような感覚がまったくわかっていなかったのです。

外から見れば何の問題もない家庭に見えていたはずですし、両親は精一杯私を愛してくれていたはずです。でも、両親自体がその親との関係の中で安心感を感じたことがなかったので、それを子供に与えようにも与えられなかったのです。

私は「人間ゲーム」の中にうまく入っていけずに、いつも自分だけが別の世界にいるような寂しさを感じていながら、その寂しさすら意識しないように心と身体を極限まで緊張させて生きていました。

目覚めた私

ひたすら泣き続けていると、それまで頭ではわかっていたつもりになっていたことが、本当の意味ではまったくわかっていなかったのだな、ということに気づいてきました。

私は、一瞥体験をしたことで自分は目覚めたのだと考え、「目覚めた私」というアイデンティティにしがみついていただけでした。「自分は目覚めの体験をして悟ったのだ、だからもう問題はない」と考えることで、まだ癒されていなかった膨大な感情に触れないようにしていたのです。

人間としての私は、理性だけは大人になっていながら、情緒的には2、3才の状態のままでいたような気がします。健全な自我がほとんど成長していなかったのです。自分が自分でいてもいい、という感覚をまったく持てずに、いつも、どうあるべきなのか、という思考だけを頼りに生きていました。

この、人間としての自分が成長していない感覚を非二元や悟りでいう「私はいない」という感覚と混同していたのです。「私はいない」というのは、私という感覚を持っていないということではなくて、私の中には私個人だけに属するものは何もない、すべては相互に依存しているという意味です。

自我を形作ってからそれを超えることが大切だ、と言われます。そうしないと、いくら真実がわかっても、それを現実世界の中で生きていく主体としての私、人間ゲームを演じていく駒としての私があやふやなままなので、生きることの苦しさは小さくならないのです。

神経症

私は若い頃からずっと神経症でした。神経症とは、人間が生きていく上で本来向き合う必要のある苦しみを避けるために、自ら作り出すもう一つの苦しみです。本当に生きることを避ける手段です。

人は必ず死にます。愛する人とどんなに深く結びついていても、人は誰でも一人で生まれてきて、一人で死んでいきます。それ故、肉体を持ってこの世界の中で生きることは、苦しみであると同時に素晴らしいものなのです。

その、人として生きることそのものに由来する悲しみ、切なさ、そして喜びを感じないままこまできてしまった。そのことがまた深い悲しみを呼び起こしました。

私という夢から覚める

閉じ込めていた感情に深く気づいていくにつれ、今までの人生でやってきたほとんどすべてのことは、自分の痛みに触れてしまわないようにするための抵抗でしかなかったのだと気づいて、これまでの人生いったい何だったんだろう、取り返しのつかないことをしてしまった、という絶望感のような感覚に襲われ、もう死んでしまいたい、という思いが浮かんできて怖くなったことがありました。

でも、不思議なことに、その絶望感すらありのまま感じ取っていくと、それもやってきては去って行くはかないエネルギーの流れにすぎない、という感じがしてくるのです。なるほど、そういうことなのか、と思いました。

感情を感じ取り、ありのままの自分を許していくと、まず「目覚めた私」というアイデンティティに同一化している自分に気づき、それを客観的に見ることができるようになってきました。それも単なるストーリーにすぎないとわかってきました。

そこから抜け出すと、今度はいつのまにか「本当は寂しくて絶望していた私」というアイデンティティに同一化していたのです。自我はいつでも自分を何者かと思っていたいのです。でも、その奥にある絶望感を含めたすべての感情にしっかり触れていくと、そのアイデンティティも緩んできます。

こうして、自分の感情に根本的に正直になり、本当に感じていることをそのまま感じ取ることを深めていくと、あるアイデンティティに同一化しては、それに同一化していることに気づいていく、というプロセスが深まり続けていきます。

そして、やがて「私は一人の人間である」という根源的なアイデンティティが緩んでくるのです。個人としての私がいるわけではなく、すべては一つにつながっていること、すべてはやってきては去って行く一時的なエネルギーの流れでしかないこと、本当は私はいないのだ、ということがわかってくるのです。

ひっくり返った人生

目覚めのプロセスが始まると、多くの人は、まず世界の空性（からっぽさ）、本当は何もないのだ、ということに気づき始めます。いろんなことがむなしくなって、探求なんて意味があるのだろうか、と思うこともあります。

でも、そのむなしさの中に深く入っていくことで、空（くう）は何もないからっぽなのではなく、満たされていることがわかってきます。色即是空（形あるものはからっぽ）だけでなく、空即是色（そのからっぽさがこの多様性に満ちた素晴らしい世界となって表れている）に気づくのです。私はこのプロセスが逆だったのだな、と思いました。

また、私は人間としての成長のプロセスも自然の流れに逆行していました。

自然な発達プロセスに沿って成長した人は、子供の頃にある程度適切な愛情を感じとることで自我を発達させ、大いなる存在のことは一時的に忘れた健全な大人になります。そして「人間ゲーム」「人生ゲーム」を十分味わった頃、肉体の死が近づいてきた頃に、大いなる存在を思い出す道に入ることが多いのです。

でも私の場合は、自我がほとんど形作られていないときに突然大いなるものを見せられてしまいました。人間になる前にみんなが神であることに気づいてしまったのです。

これは、あまりにも生きることが苦しかった私に、宇宙が一瞬だけ真実を垣間見せてくれたのではないかと思うときがあります。世界のどこともつながっていなかった私に、宇宙と直接つながる道があることを教えてくれたのです。そのことは助けになった一方で、現実世界の中で混乱を感じることにもなりました。

自我がしっかりしていないということだけでも生きづらいのに、自分だけが別の世界を見ているような感じがして、二重に世界から疎外されているかのようでした。

自分を受け入れる

そんな自分すらありのまま認められればよかったのですが、私は子供の頃から、いつも周囲の人と同じでいるように、という親からのメッセージを受け取っていて、人とは違う生き方をせざるを得ない自分をどうしても許せませんでした。

会社を辞めてセラピストとして活動しながら、癒しや目覚め・悟りについてお伝えするようになってからも、こんなことをやっていて大丈夫なのか、おかしな人だと思われているのではないか、という思いが消えなかったのです。

2015年の秋に、この本の出版元でもある青山ライフ出版の宮崎さんから、ブログをまとめて本にしませんか、というお話をいただいたときにも「こんな本出して大丈夫ですか？」と真剣に聞いてしまったほどです。

でも、その翌年出版された私の処女作『「私」という夢から覚めて、わたしを生きる～非二元・悟りと癒しをめぐるストーリー』は想像していた以上に多くの方からご好評をいただきました。「この本に助けられた」とか「自分に起こっていることの意味がわかった」というような言葉を聞くと、これまで自分がやってきたことが間違っていなかったのだなと思え、やっとありのままの自分を受け入れられるようになってきたのです。

ストーリーに気づく

これまでの人生を無駄にしてしまった、50歳になるまで生きていなかった、というような悲しみは今でもときどきわきあがってきますが、それもただ感じて流していけばいいだけなのだとわかったので、もうあまり気にすることもなくなってきました。

腰痛がひどくなってしばらくの間は嵐のようだった感情の波が、ときどきやってくるおだやかな風になっているような感覚です。

最後にこうして私のストーリーを書いたのは、私の本を読んで下さる方の中には私のことを悟りをひらいたすごい人だと勘違いする方がおられるので、そうではないことをお伝えしたかったからです。

そして、もう一つの理由は、皆さんそれぞれが自分の気持に正直になって、自分のストーリーをしっかり自覚することが、そのストーリーから抜け出すために大切なのだ、ということをお伝えしたかったからです。

私は自分の中にこんなに大きな苦しみのストーリーがあることを長い間自覚していませんでした。そこに気づかないようにするために「目覚めた私」という別のストーリーを信じ込んでいたのです。

でも、もっとも深いストーリーをありのまま認めることができると、それすらも単なるストーリーであって、本当の自分ではない、ということがわかってきます。

目覚めの体験をすることですぐに楽になるわけではなく、目覚めることで癒しのための空間が生まれ、その空間の中でストーリーがほどけていくのです。

街へ戻る

50才をすぎて、やっと人間としての自分、自我としての自分がしっかりしてきました。私は私としてこの世界の中にいてもいいのだ、と感じられるようになってきました。やっと人間になれたようです。私はいないとわかって初めて、私としてしっかりいられるようになってきたのです。

人間としての私は欠陥だらけです。でも、存在としてはもともと完全なのだ、とわかって、やっとこの欠陥だらけの私をありのまま許せるようになってきたようです。

今、この本を書き終えて、峠を越えてまた街に戻ってきたような感じがしています。

こうして癒しや目覚めについてお伝えすることも、以前は「これが私の使命なんだ」と、もっと力が入っていました。でも、目覚めも悟りもストーリーにすぎないのだとわかってからはその力も徐々に抜けてきて、さらに楽になってきました。

大いなるものの視点を持ちながら自分と世界を癒していくプロセスについて、これからも皆さんにお伝えしていこうと思います。

この本があなたの癒しと目覚めのプロセスの一助となれば幸いです。

謝辞

この本は私のお話会やセミナーに参加して下さったり、個人セッションを受けて下さった皆さんとの対話からヒントを得て作られました。また、私が20年以上に渡ってこの活動を続けられているのは、本やブログを読んで私の活動に興味を持って下さるあなたがいるからこそです。私の活動に関わって下さるすべての方々に深く感謝致します。

２０１９年4月

「スペースまほろば」のご案内

「スペースまほろば」では悟り・非二元の視点から心の癒しと目覚めのプロセスをサポートする活動を行っています。

対面での個人セッションは、境港では随時、東京と大阪では定期的に出張セッションという形で行っています。

スカイプ・電話を利用した個人セッションは遠方の方にお勧めです。癒しと目覚めの各段階に応じて必要な情報をお伝えする他、沈黙の共鳴、インナーボディや身体を感じる誘導瞑想なども行います。

東京・大阪・境港では「癒しと目覚めのお話会」などのグループセッションを定期的に開催しています。また、zoomを利用したオンラインのグループも行っています。

詳細はホームページをご覧下さい。

スペースまほろば
http://www.amy.hi-ho.ne.jp/shinsaku/

ブログ「心の癒しと意識の目覚めのために」
http://spacemahoroba.blog134.fc2.com/

著 者 紹 介

中野　真作（なかの しんさく）

スペースまほろば代表。1965年、福岡県生まれ。鳥取県境港市在住。

23才のとき、身体をこわしたことをきっかけに最初の覚醒体験が起こり、人生観が変わる。そのときの苦悩の体験から「癒しと目覚め」が自分のライフワークになることを直感。その後、さまざまな意識探求のメソッドを学びながら内的探求を進める。

大学院修了後、一般企業で経理マンとして5年間勤める。退職後、1997年に「スペースまほろば」の活動を開始。現在は、個人セッションやお話会などを通して、スピリチュアルな目覚めをベースにした、苦しみからの解放と覚醒・悟りへの道をサポートしている。

著書：『「私」という夢から覚めて、わたしを生きる
～非二元・悟りと癒しをめぐるストーリー』
（2016年　SIBAA BOOKS）

癒しと目覚め Q&A

著　者　中野　真作

発行日　2019年6月21日

発行者　高橋　範夫
発行所　青山ライフ出版株式会社
〒108-0014　東京都港区芝5-13-11 第2二葉ビル401
TEL：03-6683-8252　FAX：03-6683-8270
http://aoyamalife.co.jp　info@aoyamalife.co.jp

発売元　株式会社星雲社
〒112-0005　東京都文京区水道1-3-30
TEL：03-3868-3275　FAX：03-3868-6588

装幀　西村　拓也（株式会社サイ・コンセプト）
印刷／製本　モリモト印刷株式会社

ISBN978-4-434-25998-2